AF301577

<u>Ein paar persönliche Worte:</u>

Eine Mutter ist der einzige Mensch auf der Welt, der dich schon liebt, bevor er dich kennt.
(Johann Heinrich Pestalozzi)

Dieses Zitat gehört wohl zu den zutreffendsten und tröstlichsten, die ein Mensch über das Mutter-Kind-Verhältnis gesagt hat.

Ich möchte auch diese Buchreihe meiner großartigen Mutter widmen.

Ohne meine, in einfachen und obendrein noch politisch schwierigen Lebensverhältnissen aufgewachsene, aber sehr kluge Mutter wäre ich nicht das, was ich heute bin. Sie war der Anker in meiner Kindheit und Jugend, sie war mir Stütze und Geborgenheit, sie gab mir Rat und Weisheit mit ins Leben und sie zeigte ein großes Verständnis für meine Träume von fernen Ländern und Völkern.

Ein unbezahlbarer Schatz für die Entwicklung eines Kindes.

Und noch etwas:

Im Prolog nehme ich ergänzend Stellung zum aktuellen Raubkrieg Putins gegenüber uns Europäern

Rodolfo Di Telo

Mehr Europa wagen - Die Umsetzung
Die Trilogie, Teil 3

Ideen für eine Verfassung der Vereinigten Staaten von Europa

Struktur/Verwaltung
Sicherheit/Verteidigung
Ökologie/Energie

Die Erneuerung des Europäischen Schlosses

Ein Diskussionsangebot an junge und junggebliebene Europäer

Impressum

Bibliografische Information der Deutschen Nationalbibliothek:
Die Deutsche Nationalbibliothek verzeichnet diese Publikation
in der Deutschen Nationalbibliografie; detaillierte bibliografische Daten sind im Internet über http://dnb.dnb.de abrufbar.

© 2022 Rodolfo Di Telo

Lektorat: Rodolfo Di Telo
Zeichnungen, Skizzen Rodolfo Di Telo

Herstellung und Verlag: BoD – Books on Demand, Norderstedt

ISBN: 978-3-7557-4035-3

Prolog:

*„Lügen können Kriege in Bewegung setzen, Wahrheiten hingegen können
ganze Armeen aufhalten.“*
„Je stärker wir sind, desto unwahrscheinlicher ist der Krieg.“
(Otto von Bismarck)

Im Angesicht von Putins brutalem Raubkrieg gegen die Ukraine, und damit gegen uns Europäer insgesamt, habe ich den
Prolog kurzfristig umgeschrieben.

Ja, der 24. Februar 2022 wird definitiv in die europäische (und
wahrscheinlich auch in die globale) Geschichte eingehen; er
wird jetzt schon als „epochale Zeitenwende“ beschrieben; es
ist das Ende *einer Fata Morgana* des „es kann nicht sein, was
nicht sein darf“ und der Beginn einer entsetzlichen *neuen Un-
gewissheit*.

Das Datum wird eingehen, als das ultimative Ende von politischer Naivität, dumpfer Blauäugigkeit bis zur Selbstverleugnung und bis hin zu bewusster oder unbewusster Verneinung
offensichtlicher Realitäten.

Das Mantra mit der frohlockenden Überschrift von der allseits
aufblühenden und wachsenden

„Friedensdividende“

wehte Jahrzehnte lang als ewig währendes Siegeszeichen pa-
zifistischen Denkens und Handelns über unseren Köpfen (bitte
dabei die Ölzweig tragende weiße Taube nicht zu vergessen!).

„Stell dir vor es ist Krieg, aber keiner geht hin“, „Frieden schaffen mit immer weniger Waffen“, „Schwerter zu Pflugscharen“
waren jahrzehntelange Losungen mit denen landauf landab für
Frieden geworben wurde - besonders im wiedervereinigten
Deutschland!

Aber neben der Lüge von der „Friedensdividende“ wurden
gleichzeitig noch weitere Ammenmärchen offensichtlich, nämlich:

-> Das postsowjetische Russland ist ein „friedlicher Bär", die USA hingegen seien „das kapitalistische und imperialistische Böse"

-> Das Erstarken von extrem linkem/grünem/kommunistischem Gedankengut, nur „die Linken" sind „die Gutmenschen", „die anderen" sind *die ewigen Kriegstreiber*

-> Es gibt keinen Frieden in Europa ohne Russland

-> Brandts „Wandel durch Handel" hat die Sowjetunion *zu Fall gebracht* (statt die Zuerkennung von Schmidts NATO-Doppelbeschluss als wahre (militärpolitische) Kraft, die letztlich die Sowjetunion zu Fall brachte)

-> Putin ist „ein lupenreiner Demokrat" (Ex-Kanzler Schröder)

-> Die Verleugnung von allem, was nur in Ansätzen „militaristisch" ist, auch wenn es lediglich der eigenen deutschen Sicherheit und Verteidigung dient.

Dieses religiös verkitschte Geschichtsbild *„wegen unserer Geschichte"* („von Deutschland aus darf nie wieder Krieg geführt werden") wurde bis weit hinein in die bürgerliche Gesellschaft gehegt, gepflegt und verehrt wie eine Fleisch gewordene Marienstatue. Diese Metapher wurde vor uns Bürgern hergetragen wie eine religiöse Monstranz/Reliquie und von uns ungefragt verinnerlicht wie ein kirchliches Dogma, begleitet von *Friedensmärschen, Sitzblockaden gegen Krieg* und *zivilem Ungehorsam*.

Die Mehrheit von uns „war dabei", so auch ich! Über viele Jahre und Jahrzehnte zeigte ich Verständnis für *das Mantra*. Frieden sollte herrschen - und tat es auch! Eine Zeitlang „gings wirklich gut", aber allmählich schlichen sich Friktionen ein in *das Friedensbild, der Friedensspiegel* wurde trüb und trüber, auch die *weiße Taube* ergraute mit der Zeit, *der Ölzweig* begann zu verdorren.

Das war die Phase, in der sich die „Friedensdividende" allmählich in eine *Friedenshypothek* verwandelte. Aber unsere *friedensbewegten Gutmenschen* machten unerbittlich weiter, ihre

schrillen Schalmeienklänge wurden immer lauter und disso-
nanter, die entstandene *Friedenshypothek* erklomm *astrono-
mische Höhen.*

Irgendwann *stieg ich mental aus,* aus diesem *(Betrugs)Karus-
sell;* es war um 2016, Trump kam an die Macht und sorgte für
politische Unordnung; gleichzeitig sagten die Briten „Good Bye
Europe" und Putin *machte Zoff* in der Ukraine ab 2014.

Nur unsere *ÖlzweigMutti* („Mama Merkel") machte munter weiter - und mein *mentaler Abstand* wurde größer und größer, bis
ich letztlich *zu Schreiben angefangen* habe. Es war meine Art
Rache zu nehmen an diesem Lügengebilde; dass mich allerdings *die Wirklichkeit* so brutal überholen wird, habe ich in meinen kühnsten (Alp)Träumen nicht erwartet.

Gerade aus diesem Grund nochmals *mein Credo*: Unser Europa ist ein so wunderschöner Kontinent! Es lohnt sich für ihn
zu kämpfen! Es lohnt sich, uns unserer „Erbkrankheit" zu be-
sinnen und gemeinsam zu versuchen, die *europäische Staateritis* zu überwinden. Es lohnt sich unser gemeinsames *euro-
päisches Schloss* zu renovieren und gegen äußere Feinde ab-
zusichern.

Inhaltsverzeichnis

1.0 ZUSAMMENFASSUNG

„Eine Idee muss Wirklichkeit werden können, sonst ist sie eine eitle Seifenblase."
(Berthold Auerbach, deutscher Schriftsteller)

Wann immer ich auf Europa zu sprechen komme, beginne ich zu schwärmen. *Unser Europa* ist ein so wunderschöner Kontinent, dass es sich (immer von neuem) *lohnt* für *seine Unversehrtheit* zu kämpfen. Unser Kontinent ist so vielfältig; in kurzen Abständen gibt es immer wieder neue und unterschiedliche Regionen, Landschaften und Gegenden zu entdecken. Unsere Kulturen sind so verschieden und deshalb so bereichernd. Ich möchte nur stellvertretend für *alles Europäische* die Künste, die Musik, die Modeausprägungen, die Architekturen, die Sprachen, die kulinarische Vielfalt, die Geschichte aufzählen, ohne jedoch ins Detail zu gehen; dafür würde dieses Buch natürlich *nie und nimmer* reichen.

Wir Europäer haben aber leider auch viel zu oft uns *auseinander dividieren* lassen, wir haben viel zu oft gegeneinander langfristige und blutige Kriege ausgetragen. Wir haben uns dabei leider auch völlig unnötig von machtgierigen weltlichen und klerikalen Potentaten missbrauchen lassen. Gerade das 20. Jahrhundert war ein besonders katastrophales für uns, wir waren *am Rand der Selbstzerstörung angelangt*. Zwei Weltkriege innerhalb einer relativ kurzen Periode, dann die unselige Trennung zwischen *Westeuropa* und dem *kommunistischem Osteuropa,* ließen uns *auseinanderdriften*. Wir sind momentan ein zerstrittener Haufen unzähliger Nationen und *„Natiönchen"* mit vielen verschiedenen Sprachen und Eigenheiten, die nicht mehr in der Lage sind selbstständig zu bestehen. Wir sind von außereuropäischen Mächten abhängig geworden oder haben uns in eine selbstgewählte Unselbstständigkeit begeben.

Aber jetzt im 21. Jahrhundert sollten wir Europäer *aus dieser Geschichte lernen* und nur noch gemeinsam in die Zukunft gehen. Wir müssen uns aus den *selbst auferlegten Fesseln befreien* und wieder *eigenständig Laufen lernen*. Warum? Weil die außereuropäischen Mächte nicht (mehr) unser *Hotel Mama* (die USA) sein oder - viel schlimmer - uns schlicht *einkassieren oder ausschalten* wollen (Russland, China).

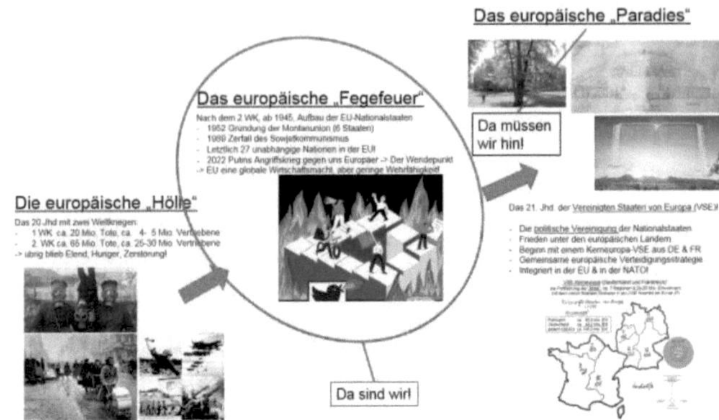

(Skizze: Rodolfo Di Telo 2022, der Weg zum europäischen Paradies)

Dass Gegenwart so urplötzlich *zu Geschichte werden* kann, hat wohl niemand für möglich gehalten. Putin hat mit seinem imperialistischen Angriffskrieg uns allen bitter vor Augen geführt wie *sich Hölle lebt*, obwohl wir dachten, dass wir das hinter uns gelassen haben; die Ukrainer müssen das gerade für uns Europäer in unnotwendiger Weise wieder *durchleben*, weil wir allzu leichtfertig Warnungen *in den Wind geschlagen* haben.

Die Trilogie - Mehr Europa wagen

Basierend auf diesem sicherheitspolitisch *gefährlichen Terrain* habe ich in zwei vorherigen Büchern sowie mit diesem Buch eine mögliche Lösung für uns Europäer erarbeitet. Diese Trilogie ist unter dem (schon sehr geläufigen) Begriff „Mehr Europa wagen" zusammengefasst und heißt:

- Die Vision (Idee, Ziel), das „Narrativ"
- Der Weg   (Europa-Parteien & -Medien)
- Die Umsetzung (Ideen für eine Verfassung)

1.1 DIE VISION UND DER WEG

Mein „Narrativ" (klingt moderner als „Vision") von einem selbstständigen und starken Europa besteht aus einem Zusammenschluss unserer einzelnen Nationen zu einem politisch vereinigten Bundesstaat (der seinen Namen verdient!), der anfänglich aus den beiden Kernländern Frankreich und Deutschland bestehen und sich nach und nach durch weitere Staaten vergrößern soll; letztlich sollen wieder alle übrigen EU-Länder der jetzt 27 oder mehr die (zukünftigen) Vereinigten Staaten von Europa bilden.

Der Weg dorthin kann meines Erachtens nur mittels der Gründung supranationaler Europa-Parteien erfolgen, die dafür sorgen, dass über alle Nationen hinweg die gleiche (pro)europäische Politik verfolgt wird, um das gesteckte Ziel zu erreichen. Supranationale Europa-Medien sollen als *vierte Kontrollmacht* den Weg zu den Vereinigten Staaten begleiten, damit die politische Macht *nicht außer Kontrolle gerät.*

Ich habe in zwei Büchern die Vision von den Vereinigten Staaten sowie den Weg dorthin detailliert beschrieben.

1.2 DIE UMSETZUNG

Dieses Buch beinhaltet nun Ideen für eine mögliche Realisierung der Vereinigten Staaten von Europa. Dazu gehören:

- Grundwerte/Verfassung
- Regierungsstruktur/Regierungsform
- Struktur/Verwaltung
- Stellung der Kirchen/Monarchien/Medien
- Sicherheit/Verteidigung
- Wirtschaft/Verkehrsinfrastruktur
- Telekommunikation/IT
- Klima/Ökologie

Die Vereinigten Staaten als Projekt werden aber nur dann mehr werden als *eine eitle Seifenblase*, wenn sich die einzelnen

Staaten Zeit nehmen für die Umsetzung sowie in konsequenter Weise die selbst festgelegte Verfassung annehmen und sich auch daran halten. Die aktuelle EU zeigt, dass eine zu schnelle Umsetzung und eine unkoordinierte Eingliederung neuer Kandidaten leider eher zu mehr Ungleichheit und Dissonanz als zu Harmonie und Einigkeit innerhalb der EU führen.

Auch die gutgemeinte Einführung des Euro, ohne gleichzeitige politische Einigung, war letztlich *ein sogenannter Rohrkrepierer*, weil es wieder einmal gezeigt hat, dass eine gemeinsame Währung ohne politische Vereinigung nur *die halbe Wahrheit* ist; der Euro erzeugte letztlich mehr anstatt weniger Zank und Zerstrittenheit

Auf dem Weg zu den Vereinigten Staaten müssen viele politische Hürden überwunden werden wie zum Beispiel:

- Die politischen „Extreme" des Europa-Pendels
- Die Differenz von Groß-, Klein- und Kleinststaaten
- Das EU-Vetorecht
- Der Euro (€) ohne politische Einheit
- Kulturelle Unterschiede
- Sprachbarrieren

2.0 DER AKTUELLE EU-STATUS

„Europa besteht aus Staaten, die sich nicht vorschreiben lassen wollen, was sie selbst beschlossen haben".
(Werner Schneyder (*1937), österr. Kabarettist)

Der Kabarettist Werner Schneider war wohl ein profunder Kenner der heutigen EU. Mit Witz und Humor beschrieb er die politischen Unzulänglichkeiten und Fehlstellen innerhalb der EU.

2.1 DIE EU DER 27

Die EU der 27 einzelnen Nationen hat sich nach dem Ende des 2. Weltkriegs über einen relativ langen Zeitraum entwickelt und dabei verschiedene politische Stadien durchlaufen. Im Kap. 2 meines Buches, „Mehr Europa wagen - Die Vision, die Überwindung der Staateritis" habe ich mich damit intensiv auseinandergesetzt. Bis 2020 war die EU sogar noch um ein Land, nämlich Großbritannien, größer, das dann Ende 2020 aus der EU ausgeschieden ist.

Der Brexit, wie der Austritt heißt, war letztlich auch der politische Anlass für mich, mich grundsätzlich mit dem Fortbestand der EU zu beschäftigen. Der Auslöser für die Buchreihe war allerdings eine Weltreise während des Ausbruchs der Corona-Pandemie im Winter 2019/2020.

Im Kern ist die EU eine Gruppe von 27 voneinander unabhängigen Nationen, die alle bei wichtigen und strategischen Entscheidungen einzeln gefragt werden und ihre Zustimmung geben müssen.

2.2 DAS POLITISCHE EUROPA-PENDEL

In meinem Buch „Mehr Europa wagen - Die Vision, die Überwindung der Staateritis" bin ich bereits sehr intensiv auf die unterschiedlichen Regierungssysteme innerhalb der aktuellen EU

eingegangen und habe anhand des Europa-Pendels den großen Unterschied zwischen der französischen und der deutschen Regierungsform dargelegt.

Im Kern handelt es sich um unterschiedliche Regierungsfor-
men basierend auf der sehr zentralen Struktur in Frankreich
sowie der (sehr) föderalen Struktur in Deutschland.

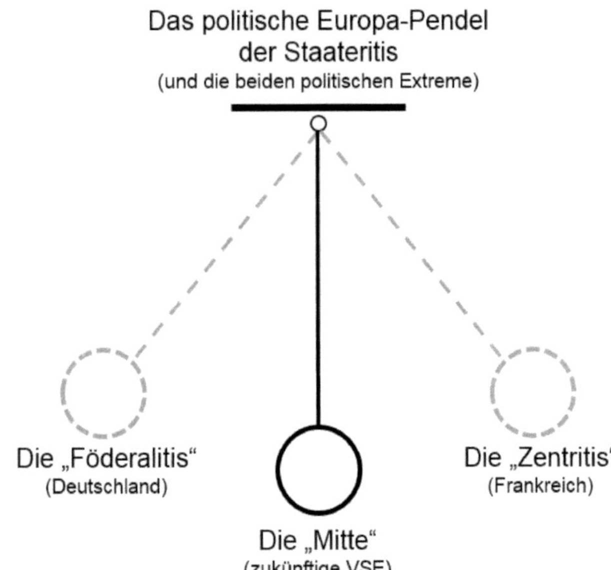

(Skizze: Rodolfo Di Telo 2020, Das politische Europa-Pendel der Staateritis)

Dieser unterschiedliche politische Führungsstil führt dann oft
zu Missverständnissen, weil die zentral geführten Staaten bei
wichtigen Entscheidungen auf die „Mühle des (deutschen) Föderalismus" warten müssen.

Außerdem zwingt die (sehr) föderale deutsche Struktur zu einer ausgesprochen intensiven „inneren Nabelschau", was dazu
führt, dass Deutschland nur eine geringe außenpolitische Kraft
aufbringen kann. Deutschland ist daher oft zu defensiv, rüs-
tungsfeindlich und sicherheitspolitisch zu zögerlich, während

Frankreich selbstbewusst, offen für Rüstungslieferungen und klar sicherheitspolitisch denkend ist.

2.3 GROSS- & KLEINSTAATEN

Die EU ist von ihrer Bevölkerungsstruktur ein *Sammelsurium* von vielen Klein- und Kleinststaaten, die eine Handvoll mittelgroßer Staaten umgeben.

Bevölkerungsstruktur der Europäischen Union der 27 Länder								
Quelle:		Statista 2020						
erstellt:	Rodolfo	27.12.2021						
	Bevölkerung	Zuordnung der Bevölkerung in Mio. nach Größe						
	Mio.	bis 1	1-5	5-10	10-20	20-40	über 40	Summe
Deutschland	83,2						83,2	
Frankreich	67,2						67,2	
Italien	60,3						60,3	
Spanien	47,3						47,3	
Polen	*37,9*						*37,9*	
Rumänien	19,3				19,3			
Holland	17,4				17,4			
Belgien	11,5				11,5			
Griechenland	10,7				10,7			
Tschechien	10,7				10,7			
Schweden	10,3				10,3			
Portugal	10,3				10,3			
Ungarn	9,8			9,8				
Österreich	8,9			8,9				
Bulgarien	7,0			7,0				
Dänemark	5,8			5,8				
Finnland	5,5			5,5				
Slowakei	5,5			5,5				
Irland	5,0			5,0				
Kroatien	4,1		4,1					
Litauen	2,8		2,8					
Slowenien	2,1		2,1					
Lettland	1,9		1,9					
Estland	1,3		1,3					
Zypern	0,9	0,9						
Luxemburg	0,6	0,6						
Malta	0,5	0,5						
Einwohner EU gesamt		**2,0**	**12,2**	**47,5**	**90,2**	**0,0**	**295,9**	**447,8**
			151,9				295,9	*447,8*
			33,9%				66,1%	100,0%

(Quelle: Statista, Diagramm Rodolfo Di Telo 2021, Bevölkerung der EU)

Die größten Länder nach der Anzahl der Einwohner sind Deutschland, Frankreich, Italien und Spanien, Polen liegt mit ca. 38 Mio. auf dem fünften Platz; diese fünf (5) machen 2/3 der gesamten EU-Bevölkerung aus. Dann folgen 19 Länder zwischen 1-20 Mio. Einwohnern und die drei (3) kleinsten Zypern, Luxemburg sowie Malta zählen unter einer (1) Million Einwohnern.

Diese ausgesprochen heterogene Struktur der EU ist oft der Anlass für Streit und Zwietracht, da sich die kleineren Nationen von den größeren übervorteilt sehen. Die EU versucht dem entgegenzuwirken, indem die kleineren Länder eine weitaus größere Stimmengewichtung haben als die größeren, was aber wiederum zu Verzerrungen bei Abstimmungen führt, da die größeren Staaten dann viel mehr Stimmen pro EU-Abgeordnetem aufbringen müssen. Der Spruch, dass dann *der Schwanz (die kleinen Länder) mit dem Hund (die fünf größeren) wedelt*, macht dann oft die Runde.

2.4 DAS EU-VETORECHT

Des Weiteren gibt es für alle 27 Mitgliedsstaaten ein individuelles Veto-Recht bei wichtigen Entscheidungen; ist nur ein Mitgliedstaat gegen einen Vorschlag, dann wird der ganze Vorschlag abgelehnt. Meist führt das zu einem unwürdigen *Gefeilsche* und zum *Rundschleifen* von Gesetzen, bis mitunter das ursprünglich Gewollte nicht oder kaum noch erkennbar ist.

Vielfach wird dann von *Blockadehaltung* gesprochen. Das Veto-Recht der EU-Staaten ist allerdings *ein scharfes Schwert*, das keiner so gerne *aus der Hand gibt*.

Viele Länder außerhalb der EU nutzen auch diesen Sachverhalt und versuchen immer wieder einzelne EU-Staaten zu ihren Gunsten zu beeinflussen, was dann wiederum zu einem internen Unmut innerhalb der EU führt.

An diesem aktuell unbefriedigendem Rechtszustand wird zwar seit Jahren in der EU „herumgedoktert", aber ein für alle zufriedenstellendes Ergebnis wurde (noch) nicht erreicht; naja, die kleineren Staaten könnten dann oftmals überstimmt, ihre (EU-politische) Macht damit empfindlich gestört werden.

Es ist so etwas wie *die Quadratur des Kreises*, die gefunden werden müsste; aber wer will gerne *Federn lassen* zugunsten der Gemeinschaft; letztendlich ist man *immer sich selbst der Nächste*.

2.5 DER EURO OHNE POLITISCHE EINHEIT

Ja, die *Gemeinschaftswährung* Euro! Dabei ist gar nicht jedes EU-Land am Euro beteiligt und unterliegt damit auch nicht der Gesetzgebung der Europäischen Zentralbank (EZB).

Man sagt, dass die Einführung des Euros ein politisches Geschäft gewesen sei. Angeblich hätten England und Frankreich der deutschen Wiedervereinigung nur unter der Voraussetzung zugestimmt, dass sich das neue Gesamtdeutschland *tiefer* in die EU integriert. Und so ist es wohl gekommen - aber ohne politische Vereinigung!

Es wurde zwar ein Stabilitätsversprechen („wie die harte DM") in das Gesetz hineingearbeitet, aber seit nun über 20 Jahren arbeiten sich *die Euro-Länder* daran ab: der *EU-Norden* will die Stabilität behalten, *der EU-Süden* nörgelt andauernd an den Stabilitätskriterien herum - und will sie (möglichst) abschaffen. Und so gibt es wieder ein (leider sehr wichtiges) Thema, das einen permanenten Zankapfel zwischen den EU-Ländern *darstellt*.

In der EU sind in politischer wie kultureller Hinsicht sehr unterschiedliche Länder *unter einem Dach versammelt*, sodass ein Konsens selten, oder, wenn überhaupt, *auf dem kleinsten gemeinsamen Nenner* zustande kommt. Dieser unbefriedigende Zustand ist *gelebte EU-Politik*.

Aber *beim Geld hört bekanntlich die Freundschaft auf* und so wird *rund um den Euro* gestritten, was der Instrumentenkasten der Finanzpolitik hergibt und mittendrin die EZB (Europäische Zentralbank), die alle Interessen ausgleichen soll. Vormals mit Draghi und jetzt mit Lagarde stehen ihr eher wenig stabilitätsorientierte Präsidenten vor, sodass der Inflation viel Spielraum gegeben wird, zum Leidwesen der Nordländer, die in der Regel weniger Staatsschulden haben als die Südländer.

2.6 DIE AKTUELLE EU-STRUKTUR

Auch die aktuelle EU-Struktur lädt nicht gerade *zum Jubeln* ein. In meinem Buch „Mehr Europa wagen - Die Vision, die Überwindung der Staateritis" spreche ich daher mehr vom *EU-Labyrinth*, als von einer Struktur.

Das unten angehängte Diagramm zeigt die ganze Komplexität *der EU der 27*; die Struktur ist ausschließlich dazu da den einzelnen Nationen die Eigenständigkeit zu erhalten - und zwar nur und ausschließlich die Unabhängigkeit der nationalen Politiker und Mandatare. Die europäische Bevölkerung ist davon ausgeschlossen; diese darf nur (nationale) Parteien & Politiker wählen, europäische Mandatare sind nicht vorgesehen.

Das ist unter anderem auch der Grund, warum in der europäischen Bevölkerung *Europa* (die EU) nicht oder kaum wahrgenommen wird. (Nationale) Politiker *kungeln* in Brüssel Vorteile für das eigene Land aus - geht's gut, lassen sie sich (zu Hause) *beweihräuchern*, geht's schief, ist immer *die EU schuld*.

Das Spiel ist immer das gleiche; deshalb wird sich da auch nichts ändern.

Das <u>EU-"Labyrinth"</u>

(Skizze: Rodolfo Di Telo 2020, Mehr Europa wagen - Die Vision, Kap. 7)

2.7 MONARCHISCHE STAATSFÜHRUNGEN

In vielen Ländern der EU gibt es nach wie vor konstitutionelle Monarchien; die jeweiligen Königs- oder Fürstenhäuser sind mehr oder weniger beliebt bei der nationalen Bevölkerung. Was alle Dynastien aber gemeinsam haben, ist der Wunsch nach Macht und Einfluss - und der Wille ein in seinen Grenzen definiertes Land zu *regieren*. Einen *König ohne Land* gab es meines Wissens nur einmal - „John Lackland", in England. Er war wohl eine sehr *zwielichtige* Gestalt, die immer wieder ver-suchte mit allen möglichen Tricks *sich Land und Leute unter-*

tan zu machen Daran kann man schon ermessen, welch gesteigertes *Interesse* Könige und Fürsten haben *ohne Land zu regieren*. Anders ausgedrückt: Jeder König/Fürst wird alles tun, um ein Land zu haben, das er *beherrschen* kann.

Des Weiteren besteht bei allen Dynastien das *(von Gottes Gnaden? beanspruchte)* Recht der Erbfolge. Der (Gottesgnaden)Erbrechtsanspruch ist zwar heutzutage *outdated*, aber das schert die royalen Familien sehr wenig. Also werden *Kinder gemacht*, um die Erbfolge nicht abreißen zu lassen, auch wenn der eine oder andere Sprössling für die Regierungsgeschäfte nicht so tauglich erscheint; das Haus Windsor in England liefert aktuell so manches Beispiel….

Monarchien sind also meines Erachtens *unbrauchbar* bei der Gründung der Vereinigten Staaten von Europa, weil sie zu jedem Zeitpunkt auf ihr (Erb)Recht zur Staatsführung pochen - und damit einer supranationalen Entwicklung entgegenstehen. Welcher Fürst oder König will schon als weiterer „Lackland" in die europäische Geschichte eingehen? Monarchen sollten also VOR EINTRITT in die VSE ihre Krone und ihr Zepter abgeben (inkl. Kronjuwelen und Kronschatz).

2.8 TRANSNATIONALE UNWÄGBARKEITEN

Zu den EU-hausgemachten Problemen kommen aber noch äußere Probleme hinzu, i.e. globale Themen wie

- Sicherheit/Verteidigung
- Klima/Energie
- Handel/Lieferketten
- Migration/Fluchtbewegungen

Für all diese Unwägbarkeiten müssten gemeinsame europäische Antworten gefunden werden. Leider ist die EU aufgrund ihrer inneren Struktur und als Fazit dieses Kapitels augenblicklich kaum oder gar nicht in der Lage gemeinsame Lösungen zu finden. Die EU ist damit überfordert.

Es müssen im 21. Jhd. neue Wege gefunden werden: Die EU muss sich zu den Vereinigten Staaten von Europa (VSE) weiterentwickeln.

3.0 EINE MÖGLICHE VSE-STRUKTUR

„Der "Europazug" verlässt gerade "den Bahnhof des nationalen 20. Jhds" Richtung "Vereinigte Staaten von Europa"(VSE) des 21. Jhds!"
(Rodolfo Di Telo, 2022)

Nach vielen Überlegungen und Diskussionen sowie der Lektüre zahlreicher Medienberichte bin ich zu der Überzeugung gekommen, dass die aktuelle *EU der 27 nicht (mehr) reformierbar* ist. In meinen vorangegangenen Büchern

- Mehr Europa wagen - Die Vision,
  die Überwindung der Staateritis
- Mehr Europa wagen – Der Weg,
  Europa-Parteien & -Medien

habe ich daher einen anderen Weg empfohlen. Auch dieses *Narrativ* ist nicht neu, sondern schon des Öfteren aufgezeigt und diskutiert worden. Neu ist der aktuelle globalpolitische Zustand, der die EU/Europa zwingt die *ausgetretenen Fußstapfen* der aktuellen EU zu verlassen und, im 21. Jahrhundert angekommen, neue Wege zu beschreiten. Wie schon detailliert analysiert, wird sich Europa entweder aus sich selbst heraus verändern, oder es wird (von anderen) verändert werden.

Das antike Griechenland ist ein leidvolles Beispiel dafür. Auch diese Historie habe ich in meinem Buch „Mehr Europa wagen-Die Vision, Die Überwindung der Staateritis", Kap. 7.0 EU und supranationale Systeme, Seite 76 „Das antike Griechenland" vorweggenommen (aufgezeigt).

In Kap. 4.2, Sicherheit und Verteidigung findet sich eine Vergleichsskizze, die die Vorgehensweise von Philipp von Makedonien und Russlands Putin vergegenwärtigen.

Gerade offenbaren die Hegemonialbestrebungen Putins *(die russische Version des Philipp von Makedonien)*, wohin es führen kann, wenn Europa nicht aufpasst und sich von einem machtgierigen Potentaten wie ihm *filetieren*, i.e. spalten, lässt. Er nimmt sich ein Land nach dem anderen vor - und einverleibt es in sein postsowjetisches, eurasisches Hegemonialbemühen. Putin möchte als „großer Russe" in die Geschichte eingehen, der *viel Land gesammelt hat* und damit in einer Reihe von

Zar Peter dem Großen, oder Zarin Katharina der Großen stehen.

Grundbedingungen für eine VSE-Struktur

Die zukünftige VSE-Struktur soll meines Erachtens so beschaffen sein, dass

- so viel zentrale Steuerung wie nötig und
- so viel föderale Freiheit wie möglich

gegeben sind.

Die vorhandene EU zeigt nämlich, dass „das Föderale (Nationalstaatliche)" viel zu stark in der EU verankert ist und damit die EU weitgehend lahmlegt. Darüber hinaus sind wichtige politische Organe wie die Außenbeziehung und die Verteidigung praktisch vollständig in nationalen Händen verblieben, sodass die EU gar nicht „mit einer Stimme sprechen" kann. Der ernannte „Hohe Vertreter der EU für Außen- und Sicherheitspolitik in der Kommission" ist mehr oder minder eine reine Marionette der Nationalstaaten und zeigt überdeutlich die falsche Politikkonstruktion der EU.

Nach meinem Verständnis müssen wir Folgendes schnellstmöglich angehen, wollen wir unseren Kindern und Enkelkindern ein so wunderschönes Europa hinterlassen wie wir es gegenwärtig noch vorfinden:

- Gründung der ersten (politischen) Vereinigten Staaten von Europa (VSE) bestehend aus Deutschland und Frankreich
- Die aktuelle EU der 27 wird beibehalten.
- Die aktuellen NATO-Teilnehmer bleiben bestehen.
- Willige EU-Länder können sukzessive in die VSE nach festgelegten (Verfassungs)Beitrittsregeln aufgenommen werden (ohne neue Verhandlungen).
- Der Veränderungsprozess wird nur mittels supranationaler EU-Parteien sowie EU-Medien realisiert werden können.

In meinen vorherigen Büchern bin ich bereits auf einige Fehlstellen im *System EU* eingegangen. Zusätzlich habe ich erste grundsätzliche Erfordernisse für eine VSE-Verfassung erwähnt, die aber sicherlich zu diesem Zeitpunkt noch *zu unausgegoren* waren. Mit diesem Buch versuche ich tiefergehende Ideen für DIE UMSETZUNG zu definieren.

3.1 GRUNDZÜGE EINER VERFASSUNG

Schon in meinen vorherigen Büchern bin ich auf die Notwendigkeit einer VSE-Verfassung eingegangen, um von Beginn an allen EU-Bürgern eine klare Richtschnur an die Hand zu geben. Die EU-Bürger in den einzelnen Nationen sollen vorher wissen, *auf was sie sich einlassen*. Die Erweiterung der EU von vorher 12 Mitgliedsstaaten auf dann 28 (später 27) nach dem Zerfall des Ostblock-Kommunismus sowie die Einführung einer gemeinsamen Währung haben nämlich gezeigt, dass die ausschließliche Zuständigkeit nationaler Regierungen sowie deren nationaler Parteistrukturen *das EU-Schiff* heutzutage *(fast) zum Sinken gebracht* haben.

In der heutigen EU fehlt es an allem:

- an der Führungs- und Regierungsstruktur
- an der Kontrollstruktur
- an der einheitlichen Entscheidungsfindung
- an klar geregelten Zuständigkeiten
- an der Sicherheit & Verteidigung
- an Antworten zu globalen Fragestellungen

Die EU ist ein (großer) Markt, aber mitnichten EIN EINHEITLICHES (politisches) SYSTEM und sie ist eigentlich unregierbar und reformunfähig, denn dafür ist die EU mittlerweile viel zu groß und unübersichtlich.

Mit diesem Buch möchte ich nun Grundideen für eine mögliche VSE-Verfassung vorstellen. So kompliziert ist solch eine neue Struktur nicht, gibt es doch in Europa mittlerweile (Gott sei Dank!) eine Vielzahl von (nationalen) Demokratien. Das kontinentale Verständnis für demokratische Strukturen sowie Regierungen ist sehr ausgeprägt (zumindest in den meisten westeuropäischen Ländern).

Grundprinzipien der VSE

Für jede Gemeinschaft ist es wichtig allgemein gültige Grundregeln als „roten Faden" zu begreifen und zu leben, um ein gemeinsames Miteinander zu ermöglichen.

Ich möchte hier jetzt *nicht bombastische Grundwerte definieren* wollen, weil es erstens bereits in jedem demokratischen System beschriebene Grundwerte gibt und zweitens dieses Buch nicht schon *die Endfassung* für eine VSE-Verfassung sein soll. Ich möchte lediglich punktuell einzelne - für mich wichtige - Begriffe festhalten. Sie sind auch nicht neu und eigentlich in jedem verfassten Dokument ähnlich beschrieben, sodass die folgenden Eigenschaften eher als Gedankenanregung zu verstehen sind, die von profunden Staatsrechtlern entsprechend detailliert ausgearbeitet werden müssen.

Folgende Grundprinzipien sollten in der VSE-Verfassung zu finden sein:

- demokratisch, rechtsstaatlich, bürgernah
- jeder Bürger ab 18 Jahre hat eine (1) gleichwertige Stimme bei Wahlen
- gleiche Rechte, gleiche Pflichten für alle Bürger
- freiheitlich/liberal
- Eine sparsame VSE-Haushaltspolitik mit eingebauter Schuldenbremse, bevorzugt „0"-Neuschulden und max. 60-80% des BIPs
- eine liberale, leistungsorientierte Wirtschaftsordnung mit einer soweit wie möglich geringen staatlichen Einflussnahme, aber
- soziale und ausgleichende Leitplanken, Unterstützung der Schwächeren (Subsidiaritätsprinzip)
- freie und staatlich geförderte Bildung; (möglichst) gleiche Bildungschancen für alle Menschen

- Toleranz gegenüber jeglicher Religionszugehörigkeit (Laizismus), und über den Religionen stehend; das heißt, dass das Primat das Staatsrecht ist, das über den jeweiligen Religionsregeln/-pflichten steht. Alle religiösen und nichtreligiösen Menschen haben sich ausschließlich dem VSE-Staatsrecht unterzuordnen (siehe auch Staat und Kirche)
- eine einheitliche gemeinsame Außenpolitik mit einem EINZIGEN Außenminister
- nach außen eine politisch starke Zentralstruktur (mit <u>einer Stimme</u> sprechen)
- eine einheitliche gemeinsame Sicherheitsstrategie, eine gemeinsame Europäische Verteidigung mit EINER EUROPÄISCHEN ARMEE unter einem einheitlichen Kommando
- nach innen eine föderale Struktur (Verantwortungs-/Aufgabenverteilung zwischen den zentralen und regionalen/nationalen Regierungsbereichen), aber mit zentralen Strukturen, dort, wo sie notwendig sind (Geheimdienste (NSA), Polizeiwesen (FBI), Energieversorgung, Infrastruktur
- eine zukunftsorientierte Wissenschaft und Forschung auf allen Technologiefeldern wie IT-Medien-Kommunikation, Gesundheit und Ernährung, Klima, Weltraum und Verteidigung
- Einbindung und Mitarbeit in strategischen Organisationen wie der NATO
- Mitwirkung an globalen Organisationen wie der UNO, der WHO etc
- ein politisch unabhängiger öffentlich-rechtlicher Rundfunk mit einem Rundfunkstaatsvertrag, der die Unabhängigkeit garantiert.
- Staatlich unabhängige (auch private) Medien (Print, TV, Internet)

<u>VSE-Verfassung sowie VSE-Staatsrecht</u>

Über die Notwendigkeit einer VSE-Verfassung habe ich schon des Öfteren hingewiesen. In meinem Buch, „Mehr Europa wagen - Die Vision, die Überwindung der Staateritis" habe ich versucht erste Verfassungsorgane zu definieren als Basis für ein gedeihliches Miteinander innerhalb der VSE. Ich möchte sie hier kurz erwähnen und zusammenfassen:

Die Vereinigten Staaten von Europa (VSE) verlangen per definitionem ein eigenes supranationales Staatsrecht für alle Bundesstaaten insgesamt sowie das Verhältnis zueinander.

Staat & Verwaltung

Die VSE verlangen auch eine transparente Staatsverwaltung, mit einer entsprechenden Definition, wer für was zuständig ist und in welcher Funktion. Verwaltungen in diversen europäischen Ländern führen aber vor, dass es „einfache Verwaltungssysteme" wohl nicht gibt und immer wieder Kompromisse zu finden sind. Man kann aber gewisse Grundrichtungen festhalten, um einen Leitfaden zu haben. Hier habe ich ein paar zusammengestellt, eher als Anregungen aufgrund eigener praktischer Erfahrungen, jedoch auch als sicherheitspolitische Leitplanken.

Landläufig herrscht in vielen Ländern das *klassische* Beamtentum vor, als Apparat zur staatstreuen Verwaltung und möglichst frei von äußeren Einflussnahmen. Auch die VSE werden ohne einen solchen Verwaltungsapparat nicht auskommen. Andererseits entwickeln solche Apparate ab einer bestimmten Größe *ein gewisses Eigenleben*, d.*h. sie können sehr gut ohne Bürger auskommen* - sie genügen sich selbst!

Ich bin ein großer Befürworter eines *schlanken Staats*: So viel Beamtentum wie nötig, aber so viel Anstellungsverhältnis wie möglich.

Hier *die Mitte* zu finden ist eine hohe Staatskunst und würde demjenigen, der diesbezüglich einen optimalen Schlüssel findet, vermutlich den Nobelpreis bescheren! Demzufolge werden wir bis dorthin mit dem *Ach und Weh des Verwaltungskompromisses* leben müssen.

Ein Grundsatz könnte darin bestehen, dass das Berufsbeamtentum möglichst beschränkt wird, also auf wichtigste Funktionen reduziert bleibt. Für meine Begriffe könnte als Richtschnur gelten, dass das Beamtentum *hoheitlichen Funktionen/Aufgaben* vorbehalten bleibt. Da kommt aber natürlich gleich die Frage auf, was denn *hoheitliche Aufgaben* sind.

Für mich sind das wesentliche Aufgaben/Aktivitäten, die im Wesentlichen mit der Sicherheit sowie der Unabhängigkeit eines Staates zu tun haben, kritische Funktionen, die *den Staat in seinem Innersten zusammenhalten und gewährleisten.*

Für mein Dafürhalten gehören u.a. folgende Funktionen zu diesen hoheitlichen Aufgaben:

- Das Kerngerichtswesen (Richter, Staatsanwälte, gehobene Beamte)
- Das Kernpolizeiwesen (Polizisten selbst, gehobene Beamte)
- Der Kernparlamentarismus mit nichtpolitisch besetzten Funktionen wie Staatssekretäre, Ressortleiter
- Das Kernfinanzwesen (hohe Finanzleiter, Revisoren)
- Das Kernaußenministerium (Attachés, Botschafter, hohe Beamte)

Im Umkehrschluss müssen daher meines Erachtens die überwiegende Anzahl an staatlichen Aufgaben/Tätigkeiten nicht mit verbeamteten Mitarbeitern besetzt werden.

So hat meiner Meinung nach der Lehrberuf nicht einen solch ausgeprägten *hoheitlichen Anspruch*, dass die Lehrerschaft in Deutschland verbeamtet werden müsste. Ich denke, ein normales Angestelltenverhältnis dürfte völlig ausreichend sein. Das gilt auch für (fast) alle Verwaltungsbereiche im Staat.

Ich würde allerdings auf einem anderen Gebiet für mehr Stringenz plädieren, i.e. auf dem der Staatszugehörigkeit. Meines Erachtens dürften nur Staatsbürger der Vereinigten Staaten von Europa eine staatliche Funktion wahrnehmen um sicherzustellen, dass sich der Mitarbeiter zu den VSE bekennt.

Und Personen, die sich für hoheitliche Aufgaben bewerben, dürfen lediglich die VSE-Staatsbürgerschaft besitzen; andere Gruppen sollten außen vor bleiben. Für mich gilt, dass derjenige, der hoheitliche Tätigkeiten im Namen der VSE übernimmt, ein klares Bekenntnis zu diesem Staatenbündnis abgeben muss, inklusive eines Eids auf die Verfassung der VSE.

Dies sollte auch für alle staatstragenden politischen Funktionen gelten.

Staat und Kirche

Der Glaube muss meines Erachtens *ausschließlich Privatsache* sein und bleiben; diesbezüglich bin ich ein großer Anhänger eines laizistischen Staates; der Staat sollte sich aus den verschiedenen Religionen heraushalten. Umgekehrt kann und darf es nicht sein, dass bestimmte kirchliche Bereiche *nur der Kirche obliegen*, wenn dort - staatsrechtlich gesehen - kriminelle Delikte aufgedeckt werden.

Ich denke hier an die zahlreichen aktuellen Missbrauchsskandale in vielen Kirchen innerhalb Europas und auf anderen Kontinenten. Missbrauch ist (und bleibt) ein kriminelles Delikt und muss staatsrechtlich verfolgt werden; kriminelles Tun darf nicht durch *kirchenrechtliche Institutionen sanktioniert*, sondern muss mit staatlichen Rechtsmitteln bekämpft werden.

Des Weiteren darf der VSE-Staat keine außenstaatlichen Einflüsse akzeptieren. So sollte zum Beispiel der Papst in Rom als Oberhaupt der katholischen Kirche keinen Einfluss mehr auf die Besetzung von Posten und Positionen innerhalb des VSE-Staatsgebiets haben - auch nicht bei der Besetzung von innerkirchlichen Positionen. Diese dürfen ausschließlich von VSEinternen Staatsbürgern besetzt und vom VSE-Staat sowie einer unabhängigen kirchlichen Institution innerhalb der VSE bestimmt werden. Dafür bietet der VSE-Staat eine von außen völlig unabhängige VSE-interne Ausbildungsmöglichkeit an.

Kirchen, die sich nicht an diese laizistische Regelung halten oder halten wollen, sollten nicht zugelassen werden.

Auch diese Regelungen sollen den VSE-Staat vor äußeren Einflüssen schützen und innerhalb der VSE dafür Sorge tragen, dass kirchliche Einrichtungen *kein Eigenleben entwickeln* können. Außerdem brauchen die Bürger Orientierung, *welche Institution das letzte Sagen hat* - und das muss der VSE-Staat sein.

Staat und Medien

Ein moderner demokratischer Staat braucht unabhängige Medien. Diese Unabhängigkeit muss in jede Richtung gelten, sowohl zum Staat hin, als auch hinsichtlich privater Eigentümer. Medien müssen für mein Dafürhalten *die vierte Macht im Staate sein*, deshalb brauchen sie auch die nötige Freiheit im Journalismus. In Kapitel 8, Medien die vierte Macht, gehe ich etwas detaillierter darauf ein.

Staat und Regierung

Es gibt kein Staatsgebilde, das nicht auch eine Regierung hat; und so müssen sich auch die VSE um ein passendes Regierungssystem kümmern. Hier ist nur eine abgekürzte Aufzählung erwähnt; weitere Details dazu folgen in den nächsten Kapiteln.

VSE-Regierungssystem:

- Neue Struktur und Zuständigkeiten VSE - Länder (wer ist für was zuständig in der Umsetzung), zur Bildung *der stabilen Mittellage* des Europäischen Pendels

Wahlsystem:

- Wahlperioden, Wahlablauf etc
- Europa-Parteiensystem, Zulassungsverfahren,
- Sperrklauseln
- Zusammensetzung und Größen der Regierungssysteme

VSE-Gerichte:

- Verfassungsgericht und Verfassungsschutz
- Oberste Gerichte (Zivil- und Strafrecht, Verwaltung, Finanzen, Wirtschaft etc)
- Mediengericht (neu, zur Eingrenzung von offensichtlich falschen Medienberichten und Informationen)

VSE-Vollzugsorgane:

- Außenwirkung und Vertretung
- Innenwirkung und Organe
- VSE-Polizeiwesen
- VSE-Geheimdienst
- Wirtschaft/Finanzen, Währung, Schuldenbremse
- Gesundheit und Gesundheitsversorgung
- Bildung und Wissenschaft
- Arbeits- und Sozialgesetze

VSE-Sicherheit:

- Verteidigungsinstrumente (Land, Wasser, Luft, Weltraum, Cybersicherheit)
- Dienst an der Verteidigung (Milizheer und/oder feststehende Truppe)
- Sicherheitsstrukturen/Kommandoebenen
- Standorte
- Aufgaben und Bündnisse (NATO etc)

Regionale/nationale Strukturen:

Im VSE-Staatsrecht muss natürlich auch das Verhältnis zwischen der supranationalen sowie der regionalen/nationalen

Ebene geregelt werden, als Teil des gesamten VSE-Staats-
rechts.

3.2 REGIERUNGSSTRUKTUR

Ziel der neuen VSE-Regierungsstruktur muss sein ein starkes
supranationales Regierungssystem aufzubauen, das sowohl
schnell auf außen- wie innenpolitische Einflüsse reagieren, als
auch kraft- und verantwortungsvoll die VSE regieren kann.

Gleichzeitig soll es ein ausgeglichenes Kontrollverhältnis zwischen den einzelnen Regierungsinstrumenten geben, das in
wechselseitigen Beziehungen zueinander die Regierungsverantwortung und -kontrolle durchführt.

Aus diesem Grund muss sich die (supranationale) Regierungsebene von der nationalen Struktur hin zu einer europäischen
Struktur weiterentwickeln, die (supranationale) Ebene muss
gestärkt und die nationale/regionale Ebene auf regionale Fragen beschränkt werden.

Das politische Regierungs- und Kontrolldreieck

Deshalb müssen meines Erachtens die Funktionen des VSE-
Präsidenten sowie des VSE-Parlaments mit der VSE-Regierung aus dem „nationalen Alltag" herausgehoben werden und
völlig eigenständige supranationale (Regierungs)Aufgaben
übernehmen. Die regionalen und die nationalen Belange sollen
in einer separaten VSE-Nationenkammer behandelt und be-
rücksichtigt werden.

Dieses Regierungskonstrukt hat man sich gleich einem nationalen Demokratiesystem vorzustellen, nur eine supranationale
Ebene höher. Grundsätzlich sollte das VSE-Regierungssystem
aus drei (3) Regierungsinstrumenten bestehen, die zueinander
in wechselseitigem und kontrollierendem Verhältnis stehen.
Zwei (2) Ebenen betreffen die supranationale Ebene und eine
(1) die nationale/regionale Ebene.

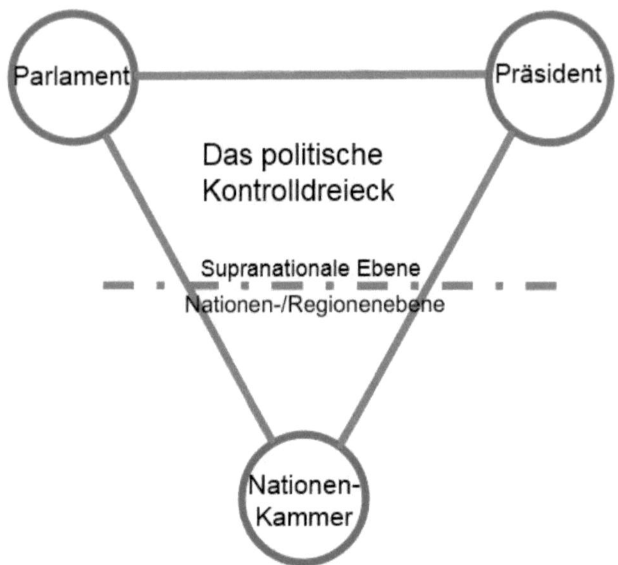

(Skizze: Rodolfo Di Telo 2022, das politische Kontrolldreieck)

Die vorhandenen Nationen/Regionen innerhalb der Vereinigten Staaten von Europa behalten im Wesentlichen ihre nationalen Rechte, sofern sie die innerstaatliche Ebene betreffen.

Struktur der Vereinigten Staaten von Europa und Nationalstaaten

(Skizze: Rodolfo Di Telo 2021, politische Struktur der VSE)

Wichtige Aufgaben müssen aber an die supranationale Ebene abgetreten werden, wie zum Beispiel die Finanzierung der VSE (Haushaltsrecht), Außenbeziehungen, Sicherheit und Verteidigung, supranationale Aufgaben wie Infrastruktur, Energie, Gesundheit, innere Sicherheit und Zusammenleben, Versorgung und Agrarwirtschaft.

Es muss ein sinnvolles Gleichgewicht zwischen nationalen und supranationalen Rechten bestehen. Aufgaben, die alle Länder gleichermaßen betreffen, wie zum Beispiel Außenbeziehungen und Sicherheit der VSE, sollten vollständig auf der VSE-Regierungsebene angesiedelt werden, ebenso die relevanten Haushaltsrechte zur Finanzierung der VSE, Festlegung der Verschuldungsgrade, Kontrolle/Durchgriffsrechte in die Landeshaushalte zur Vermeidung von Überschuldung und/oder Fehlverwendung von Haushaltsmitteln.

Für andere muss es Leitlinien zur Mittelverwendung in den Ländern geben, da diese dann in der Verwaltung (aber unter der Kontrolle der VSE) der Länder liegen.

In einer VSE-Verfassung sollen die oben genannten Forderungen im Detail geregelt werden. Die beiden folgenden Verfassungsorgane, nämlich der Bundespräsident sowie das Parlament, müssen supranational angeordnet sein, während die Nationenkammer „das Sprachrohr" der Nationen/Regionen sein soll.

<u>Die supranationale Ebene:</u>

Der Präsident:

Der Präsident soll der oberste Repräsentant der Vereinigten Staaten von Europa sein und gleichzeitig auch Teil der Gewaltenteilung des gesamten Regierungssystems.

Parlament und Bundesregierung<u>:</u>

Im Mittelpunkt der Regierungsstruktur steht das VSE-Parlament, das das zentrale Regierungselement der Vereinigten

Staaten von Europa ist, zusammen mit der VSE-Bundesregierung, als Regierungsinstrument des VSE-Parlaments.

<u>Die nationale/regionale Ebene:</u>

Die Nationenkammer:

Die Nationenkammer stellt die Vertretung der einzelnen Nationen sowie der Regionen auf der Regierungsebene dar.

<u>Die Begleitstruktur</u>: die VSE-Verfassung:

Parallel zu den zentralen Regierungselementen steht die neue VSE-Verfassung. Sie bildet die Basis der kompletten Struktur der VSE-Regierungsinstrumente. Grundsätzlich sollten die Wahlverfahren zu den verschiedenen Verfassungsorganen möglichst einfach und für die VSE-Bürger transparent erfolgen, muss man doch davon ausgehen, dass letztlich alle Bürger, also ca. 450-500 Mio. Menschen, an der Wahl teilnehmen sollen. Deshalb sollten Wahlen möglichst gebündelt zusammengefasst werden.

<u>Die (unabhängigen) Medien (die vierte Macht):</u>

Sie sollen die „vierte" (unabhängige) Macht in den VSE sein, mit einem eigenen Presserat sowie einem eigenständigen Mediengericht, das aber nur für medienrechtliche Belange zuständig sein soll.

Strafrechtliche/finanzrechtliche Belange würden in jedem Fall von den üblichen Gerichten entschieden.

Ich möchte jetzt im Einzelnen auf die VSE-Regierungsfunktionen eingehen.

<u>Der VSE-Präsident</u>

Das Amt des Präsidenten muss separat von der Regierung als eigenständiges Verfassungsorgan institutionalisiert sein, wie es bereits bei vielen europäischen Staaten geltende Praxis ist.

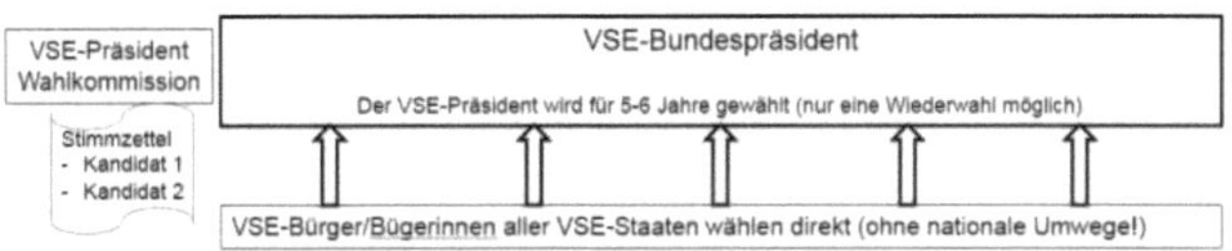

(Skizze: Rodolfo Di Telo 2021, VSE-Bundespräsident)

Die Aufgaben des Präsidenten sind derzeit sehr beachtlich, weshalb ein VSE-Präsident sich auf folgende Aufgaben beschränken sollte:

-	Repräsentation der Vereinigten Staaten von Europa nach innen sowie nach außen
-	Ernennung/Ablösung der neuen Regierung, des Regierungschefs und der Minister
-	Bestellung eines vorläufigen Regierungschefs für Koalitionsgespräche
-	Moderation schwieriger Regierungsbildungen
-	letzte Unterschrift zu verabschiedeten Gesetzen gekoppelt mit dem Recht auf kritische Prüfung vor der Unterschrift, zusammen mit einem Verfassungsteam
-	eventuell oberster Chef der Streitkräfte; erklärt den Verteidigungsfall in jeweiliger Abstimmung mit der Bundesregierung
-	Stimme mit Gewicht als überparteiliche Instanz bei wichtigen tagespolitischen Themen (zum Beispiel bei Überreaktionen und Streit zwischen Parteien)
-	mehrsprachig, mindestens Französisch und Deutsch, auf sehr gehobenem Niveau

Wahlverlauf:

Die Wahl zum Präsidenten sollte in einem 2-Stufenprogramm erfolgen, damit die ganze Wahl möglichst kurzfristig und schnell durchgeführt werden kann. Da das Präsidentenamt aber eine sehr herausragende Funktion darstellt, muss bei der Kandidatenwahl mit großer Besonnenheit vorgegangen werden.

Stufe 1, Vorwahlverfahren

In einem Vorwahlverfahren, das ca. 2-3 Monate vor dem eigentlichen Wahltermin (Stufe 2) stattfinden soll, führen die Vertreter der Bundeskammer & der Nationenkammer gemeinsam eine Vorauswahl durch. Jede Partei darf je einen Kandidaten mit tadellosem Leumund und supranationaler sowie überparteilicher Einstellung zur Wahl vorschlagen. Von diesen Kandidaten werden die zwei mit der höchsten und zweithöchsten Stimmenanzahl ausgewählt und den Bürgern zur Wahl vorgeschlagen.

Zwischenphase, Vorstellung der Kandidaten, Wahlwerbung

Zwischen dem Vorwahl- und dem Hauptwahlverfahren dürfen/sollen die beiden ausgewählten Kandidaten in der mehrere Wochen dauernden Zwischenphase durch das Land touren und sich vorstellen, um den Bürgern ihre Ziele und Vorstellungen im Detail zu erläutern.

Stufe 2, Hauptwahlverfahren

Am Tag der Präsidentenwahl wählen alle Bürger in freier und geheimer Wahl einen der beiden vorausgewählten Kandidaten zu ihrem Präsidenten.

Zweite Amtsperiode (am Tag der möglichen neuen Vorauswahl), wieder zwei bis drei Monate vor Ablauf der Wahlperiode.

Für die einmalige Wiederwahl des aktuellen Präsidenten bedarf es nur des Wahlgremiums aus Bundes- und Nationenkammer. Dabei muss der Präsident 75% aller abgegebenen Stimmen erhalten (Nein-Stimmen, Stimmenthaltungen oder ungültige Stimmen werden als „abgelehnt" angesehen). Das soll zeigen, dass der wiedergewählte Präsident weiterhin das Vertrauen der überwiegenden Mehrheit besitzt.

Sollte der zu diesem Zeitpunkt amtierende Präsident nicht die 75%-Hürde erreichen, werden neue Kandidaten gemäß Stufe 1, Vorwahlverfahren, bestimmt und gewählt. Der aktuelle Präsident darf nicht mehr zur Wahl stehen.

Stellvertretender Präsident

Da das Präsidentenamt zahlreiche herausragende Aufgaben auf sich vereinigt, sollte auch über einen stellvertretenden Präsidenten nachgedacht werden, der – genauso wie der Präsident - immer wieder neu gewählt wird. Diesem Vizepräsident können dann diverse Aufgaben übertragen werden. Außerdem könnte er das Präsidentenamt sofort übernehmen, würde der aktuelle Präsident während der Amtsperiode ausfallen oder versterben. Dafür spricht auch, dass damit eine kontinuierliche Besetzung dieses so essentiellen Präsidentenamts zu jedem Zeitpunkt gewährleistet wäre und kein politisches Vakuum entstünde.

Die unten angeführte Tabelle soll dies verdeutlichen:

Anforderungen an das VSE-Bundespräsidentenamt	
Merkmal	Anforderung
Wahlperiode	5-6 Jahre (max. 1 Wiederholung), alternativ 1x für 7-8 Jahre
Wahlmodus Stufe 1: Stufe 2: (2 Kandidaten)	gemischt Vorwahl durch Parlament & Nationenkammer direkt von EU-Bürgern
Wiederwahl (einmal)	durch Kurzwahl Parlament & Nationenkammer
Vizepräsidentenposition	Ja (Wahl wie Präsident)

(Tabelle: Rodolfo Di Telo 2022, VSE-Bundespräsidentenamt)

„Kleines Verfassungsgericht" (zur Vorprüfung)

Da der VSE-Präsident eine herausragende Stellung innerhalb der Regierungshierarchie innehat und Gesetze ablehnen (durch Verweigerung der Unterschrift) oder befürworten kann (Unterschrift), sollen alle Gesetze durch ein dem VSE-Präsidenten beigestelltes „Kleines Verfassungsgericht" auf eine erste Verfassungsmäßigkeit vorgeprüft werden. Dieses Gericht soll aber auf keinem Fall das zuständige Verfassungsgericht ersetzen.

Das „Kleine Verfassungsgericht" sollte lediglich die Verabschiedung von Gesetzen beschleunigen helfen und deren Verfassungsmäßigkeit vorprüfen.

Die aktuelle Vorgehensweise führt oft zu langjährigen Verzögerungen und dazu, dass Gesetze in Kraft treten, die dann Jahre später wiederrufen werden müssen, was dann kein Bürger mehr versteht.

<u>Die VSE-Bundesregierung und das VSE-Parlament</u>

Parlament und Regierung sind untrennbar miteinander verknüpft. Das VSE-Parlament ist die unabhängig gewählte Vertretung der VSE-Wähler, frei von allem Bezug zu lokalen, regionalen, oder nationalen Administrationsebenen - genauso unabhängig wie der VSE-Präsident auch.

Im Parlament sitzen die von Ihnen, liebe Bürgerinnen und Bürger, direkt gewählten Partei-Mandatare auf Zeit.

(Skizze: Rodolfo Di Telo 2022, VSE-Parlament und Bundesregierung)

VSE-Parteien stellen Listen ihrer Bewerber für das VSE-Parlament auf, die dann von den Bürgern gewählt werden. Diese Liste sollte aber nur das 1,5-fache der geschätzten Fraktionsgröße je Partei enthalten; damit würden sich nach meiner Meinung schon genügend Mandatare zur Wahl stellen. Die Listen sollten ca. sechs bis acht Wochen vor der Wahl veröffentlicht werden, damit die Wähler ausreichend Zeit zur Meinungsbildung haben und nicht unvorbereitet in die Wahl gehen. Die Bürger haben während des Wahlvorgangs das Recht aus der Liste spezifische Mandatare hervorzuheben und selbstständig Reihungen und Priorisierungen vorzunehmen (Kumulieren und Panaschieren). Die Bürger sollen ausschließlich supranationale Fragestellungen (das gemeinsame VSE-Zusammenleben betreffend) beantworten. Diese Liste der Reihungen muss anschließend veröffentlicht werden, damit sie alle VSE-Bürger einsehen können und erkennen, ob die jeweiligen Parteien die von den Bürgern gewünschte Reihung eingehalten haben.

Eine Aufteilung in eigene Wahlkreise ist nicht vorgesehen , da die Wahl zum VSE-Parlament eine rein supranationale Wahl im gesamten VSE-Gebiet sein soll; deswegen soll es auch keine gewählten Mandatare aus den einzelnen Wahlkreisen geben; alle Bürger sollen aus allen Mandataren auswählen dürfen. Die Reihung erfolgt dann aus den von den Wählern vorgenommenen Reihungen auf den Partei-Wahlzetteln.

Es sollte auf keinen Fall indirekte Wahlen mittels nationaler Parteien geben (wie aktuell in der EU) oder mittels „Wahlmännern" (wie in den USA). Die indirekte Wahl, also die Wahl der Mandatare über nationale Parteien, führt dazu, dass die nationalen Parteien bestimmen, was auf supranationaler Ebene beschlossen wird. Es kann also passieren, dass es zu Zank und Streit im Parlament kommen kann, wenn nationale Kräfte versuchen Entscheidungen in ihrem Sinne zu beeinflussen. Die heutige EU zeigt überdeutlich, zu welchen kleinlichen Streitereien diese Parlamentsstruktur führt, denn sie weist eine derartige Parteistruktur im europäischen Parlament auf. Auch das Zusammenführen von „Fraktionen" im EU-Parlament ist eher ein parlamentarisches „Hindernis" als dass es zu mehr „Einheitlichkeit" führt. Das Beispiel der ungarischen Fidez-Partei (des Viktor Orban) zeigt, welche parteipolitischen „Verrenkungen" entstehen, wenn sich nationale Parteien nicht an den „Fraktionszwang" halten.

Die direkte Wahl der Parlamentsabgeordneten durch die VSE-Bürger gewährleistet, dass das VSE-Parlament eine wesentliche Rolle innerhalb der Vereinigten Staaten von Europa spielt. Die direkte Wahl sorgt dafür, dass das Parlament sowie die zugehörige Regierung unabhängig von nationalen Einflüssen den Regierungsgeschäften nachgehen können. Die nationalstaatlichen Einflüsse fließen in jedem Fall über die unten beschriebene VSE-Nationenkammer indirekt in die Parlamentsgeschäfte ein; die VSE-Nationenkammer ist daher das (nationale/regionale) Korrektiv des VSE-Parlaments für innerstaatliche Belange.

Das VSE-Parlament soll aus maximal 500 Mandataren bestehen, das entspricht ca. einem Mandatar pro eine 1 Mio. VSE-
Bürgern. Das Gremium sollte nicht zu groß, aber auch nicht zu
klein, sein.

Das anfängliche Kerneuropa sollte ein dementsprechend kleineres VSE-Parlament besitzen (z.B. Frankreich und Deutschland mit zusammen ca. 150 Mio. Einwohnern ca. 150 Mandatare) und mandatsmäßig linear wachsen, je nach Beitritt weiterer VSE-Kandidaten.

Grundsätzlich soll ein Mehrparteiensystem im Parlament vertreten sein. Um aber eine Vielzahl an unterschiedlichen Parteien im VSE-Parlament zu vermeiden, soll bei den Wahlen
eine Sperrklausel greifen. Ich denke an eine Größe von ca. 5-
8% der abgegebenen Stimmen. Da im VSE-Parlament keine
direkt gewählten Mandatare vorgesehen sind, würden auch
keine Direktmandate vergeben werden. So könnte ganz strikt
die Sperrklausel greifen. Im Parlament wären lediglich Parteien
vertreten, die mehr gültigen Stimmen vertreten, als die Sperrklausel vorschreibt.

Die VSE-Bundesregierung

Der Bundespräsident beauftragt den Parteiführer der stimmen-
stärksten Partei mit der Regierungsbildung; dabei sind Koaliti-
onen ausdrücklich erwünscht.

Ich möchte hier einer zukünftigen Zusammensetzung nicht vor-
greifen, aber ich kann mir vorstellen, dass die folgenden Ministerien in einer VSE-Regierung zu finden sind, zusätzliche
nicht ausgeschlossen:

- Der Bundeskanzler (Regierungschef)
- Der Minister für Fragen außerhalb der EU
- Der Minister für Fragen innerhalb der EU
- Der Minister für Fragen innerhalb der VSE
- Der Minister für Finanzen

- Der Minister für Wirtschaft
- Der Minister für Sicherheit & Verteidigung
- Der Minister für Recht & Justiz
- Der Minister für Bildung & Wissenschaft

Anforderungen an das VSE-Parlament und die Bundes-regierung	
Parlamentsgröße max. 500 Sitze (Kerneuropa (DE und FR) ca. 150 Sitze)	
Merkmal	Anforderung
Wahlperiode	5-6 Jahre
Wahlart	Parteiwahl (Kummulieren und panaschieren möglich)
Wahlmodus	Direktwahl (keine „Wahlbezirke" keine „Nationen/Regionen")
Sperrklausel	Ja, 5-8% (der abgegebenen gültigen Stimmen)
VSE-Bundesregierung	
Wahlperiode	5-6 Jahre
Koalitionsbildung	Ja!
Ernennung durch	Bundespräsident
VSE-Zuständigkeit: Bundeskanzler Finanzminister Außenminister außer EU Minister für EU-Fragen Verteidigungsminister Klima/Umweltminister Innenminister Wissenschaftsminister Justizminister Wirtschaftsminister Verkehrsminister	 Regierungschef (100%) 100% 100% 100% 100% 100% 100% 100% 100% (VSE-Ebene) 100% (VSE-Ebene) 100% (VSE-Ebene)
Rahmenbedingungen schaffen für: • Justiz • innere Sicherheit • Bildung/Universität • Energie • Verkehr • Agrarwesen • Genehmigungen • Natur/Naturschutz • Investitionen • Förderprogramme	Umsetzungsleitlinien für regionale Belange (Die Umsetzung folgt in den Nationen/Regionen)

(Tabelle: Rodolfo Di Telo 2022, VSE-Parlament und VSE-Bundesregierung)

<u>Die VSE-Nationenkammer</u>

Die VSE-Nationenkammer stellt die Vertretung der Nationen/Regionen auf VSE-Regierungsebene dar und soll in etwa so groß sein wie das VSE-Parlament, also aus maximal 500 Abgeordneten bestehen.

(Skizze: Rodolfo Di Telo 2020, VSE-Nationenkammer)

Die VSE-Nationenkammer wird von Mandataren aus den Ländern besetzt. Die Länder haben das exklusive Entsendungsrecht in die VSE-Nationenkammer ohne Einflussnahme durch das VSE-Parlament.

Die Nationenkammer soll als Korrektiv zum stark positionierten VSE-Parlament dienen, speziell im Bereich der Gesetzgebung und der Haushaltsführung. Jede größere Instanz braucht Kontrolle, in diesem Fall die Nationenkammer zusammen mit dem Präsidenten (siehe VSE-Präsident).

Die Nationenkammer soll sich aliquot zur jeweiligen Länderregierung zusammensetzen, um in etwa das Wahlverhalten abzubilden. Sinnvoll ist auch ein ungefährer Bezug zur Bevölkerungsgröße des Landes, zum Beispiel pro 1 Million Einwohner je ein Mandatar. Das erlaubt eine moderate Zunahme, solange die VSE ein kleineres Rumpf-Staatensystem darstellen und noch nicht die volle europäische Größe erreicht haben.

Anforderungen an die VSE-Nationenkammer	
Parlamentsgröße max. ca. 500 Sitze (Kerneuropa (DE & FR) ca. 150 Sitze anfänglich)	
Merkmal	Anforderung
Wahlperiode	5-6 Jahre
Wahlart	Parteiwahl (national/regional) (kummulieren & panaschieren möglich)
Wahlmodus	Parteien <u>direkt</u> (keine „Wahlbezirke")
Sperrklausel	Ja, 5-8% (der abgegebenen gültigen Stimmen je nach Region/Nation)
Ernennung eines Nationenkammerpräsidenten	Vorwahl -> 2 Kandidaten Hauptwahl -> Präsident, Vizepräsident
Ernennung eines Nationenkammervizepräsidenten	Vorwahl -> 2 Kandidaten Hauptwahl -> Präsident, Vizepräsident
Wahlperiode	5-6 Jahre
Ernennung/Berufung	VSE-Präsident
Hauptaufgabe	Die Interessen der Nationen und Regionen im Regierungsdreieck wahrnehmen; Kontrolle der Bundesregierung -> Zustimmung zu Gesetzesvorlagen bei zustimmungspflichtigen Gesetzen

(Tabelle: Rodolfo Di Telo 2022, VSE-Nationenkammer)

Wie Sie, lieber Leser und liebe Leserin, wahrscheinlich schon bemerkt haben, spreche ich von „Nationen" und dann wieder von „Regionen", was erklärungsbedürftig ist.

Die Verwendung des Begriffs „Region" ist der großen Unterschiedlichkeit der einzelnen europäischen „Nationen" geschuldet und dient für mich als ausgleichende „Brücke" zwischen den Kleinststaaten sowie den fünf großen Nationen. Die Begrifflichkeit werde ich im folgenden Kapitel 3.4 verdeutlichen.

Eine VSE-Verfassung ist das Kerndokument und die Basis für Regierungshandeln in den neuen Vereinigten Staaten von Europa (VSE). In Kapitel 7 meines Buchs „Wir Europäer wollen wieder mehr Europa wagen" habe ich bereits darauf Bezug genommen.

Ich denke, ein gut durchdachter Verfassungsentwurf ist sicherlich auch eine gute Grundlage für supranationale Parteien sich zu konstituieren und fortzuentwickeln. Außerdem könnte so ein Verfassungsentwurf bereits im Vorfeld zu den zukünftigen VSE ein Grundverständnis für das Zusammenleben und Regieren erzeugen.

Da ich aber kein Jurist und schon gar kein Europarechtler bin, möchte ich hier gerne den Fachleuten den Vortritt lassen, würde diese aber bitten, zügig an die Erstellung einer VSE-Verfassung heranzugehen. Eine *Handvoll* dieser Spezialisten reicht anfänglich sicherlich aus, um ein gutes Basiswerk zu erstellen.

3.3 DER GESETZESWEG

Die Entstehung eines neuen VSE-Gesamtregelwerks sollte im Wesentlichen nach den drei beschriebenen Abläufen erfolgen:

- Gesetzesvorlage für den VSE-Bundesstaat und die Regionen/Nationen gleichermaßen (Gesetzesweg 1)
- Gesetzesvorlage nur für den jeweiligen VSE-Bundesstaat (Gesetzesweg 2)
- Gesetzesvorlage ausschließlich für die Nationen/Regionen (Gesetzesweg 3)
- Weitere Gesetzesvorhaben

Der Gesetzesweg 1 (VSE und Regionen/Nationen)

Gesetze und Regelungen, die sowohl die VSE-Ebene als auch die Regionen-/Nationenebene betreffen, sollten nach folgendem Ablauf Gesetzeskraft erlangen:

Schritt 1: Gesetzesentwurf (VSE-Parlament)

Schritt 2: erste Prüfung durch die Nationenkammer

Schritt 3: zweite Prüfung durch den VSE-Präsident samt Unterschrift

Schritt 4: Rückverweis zum Parlament

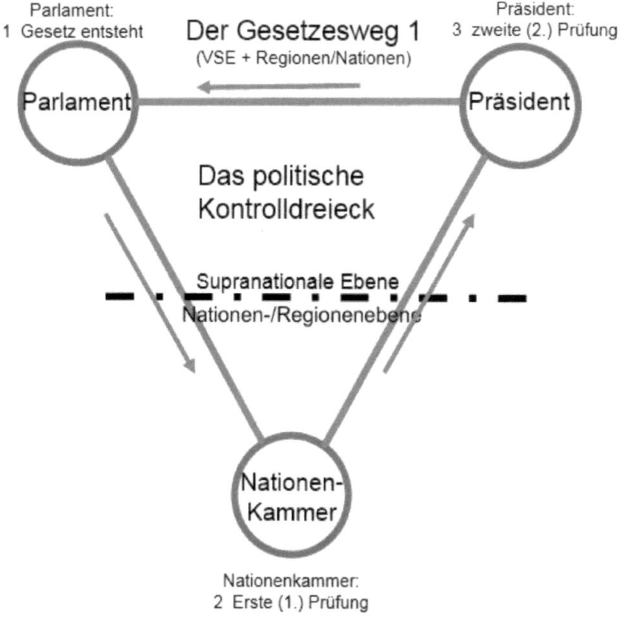

(Skizze: Rodolfo Di Telo 2022, der Gesetzesweg 1)

Der Gesetzesweg 2, (nur VSE-Belange)

Diesen Weg gehen alle Gesetze, die ausschließlich die VSE-Ebenen betreffen; diese sind:

- Die VSE-Bundesregierung
- Das VSE-Bundespräsidentenamt
- Alle VSE-Verfassungsgerichte und -ämter
- Der VSE-Bundeshaushalt
- Das VSE-Außenministerium
- Das VSE-Verteidigungsministerium
- Die VSE-Aufgaben in alleiniger VSE-Verantwortung (Infrastruktur, Bildung/Wissenschaft/Forschung etc)

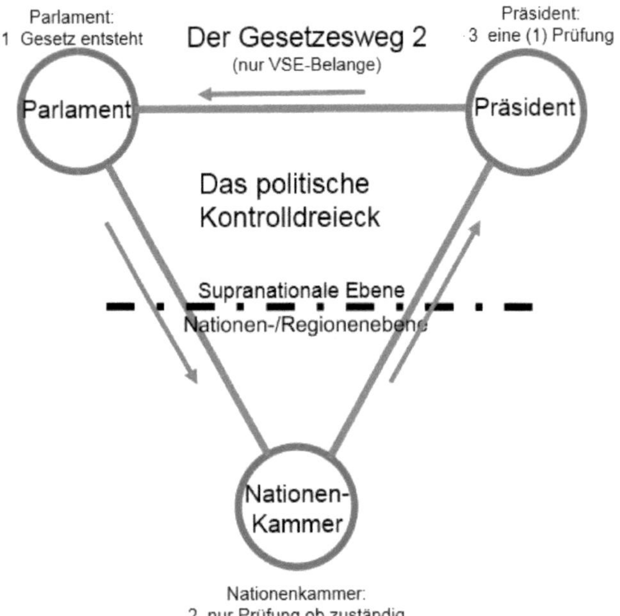

(Skizze: Rodolfo Di Telo 2022, der Gesetzesweg 2)

Schritt 1: Gesetzesentwurf (VSE-Parlament)

Schritt 2: Gegenprüfung, ob tatsächlich nur VSE-relevant (ohne Regionen-/Nationenbezug)

- kein Bezug, weiter zu Schritt 3, VSE-Präsident

- Bezug -> Prüfung durch das „Kleine Verfassungsgericht"

Schritt 3: Prüfung durch den VSE-Präsident und das „Kleine Verfassungsgericht" samt Unterschrift

Der Gesetzesweg 3, (betrifft nur Regionen/Nationen)

Diesen Weg gehen nur Gesetze, die die Regionen/Nationen betreffen

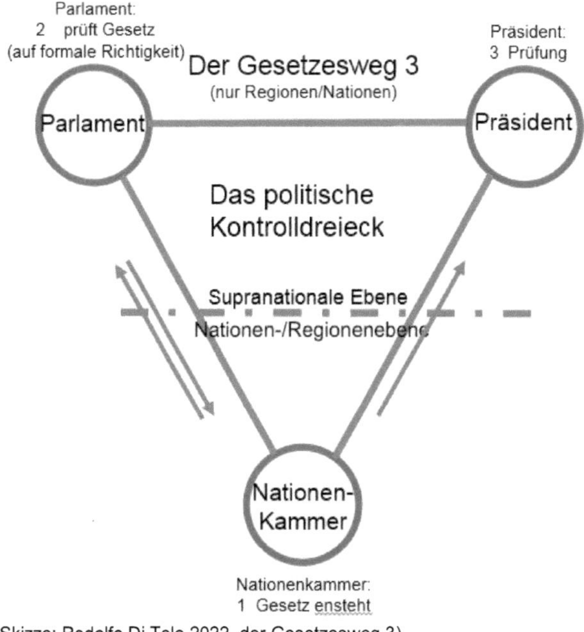

(Skizze: Rodolfo Di Telo 2022, der Gesetzesweg 3)

Schritt 1: Gesetzesentwurf (Nationenkammer)

Schritt 2: kurze Gegenprüfung durch das VSE-Parlament, ob die Regelungen verfassungsgemäß sind und kein VSE-Recht tangieren; eine inhaltliche Korrektur erfolgt nicht, da dafür ausschließlich die Regionen/Nationen zuständig sind.

Schritt 3: Prüfung durch den VSE-Präsident und durch das „Kleine Verfassungsgericht" samt Unterschrift

Der Gesetzesweg 3 erlaubt den VSE-Bundesnationen/-regionen eine weitreichende föderale Regierungsführung und sollte, wenn möglich, der jetzigen innenpolitischen Unabhängigkeit der europäischen Nationen/Länder entsprechen.

Eine Ergänzung sollte allerdings für alle Nationen/Regionen gelten; alle Regelungen, die sie betreffen, müssen unter den Nationen/Regionen einheitlich und mit denselben Vorgaben abgestimmt sein, und deshalb einer 2/3-Annahme innerhalb der Nationenkammer unterliegen.

Weitere Gesetze

Natürlich wird es weiterer Gesetze und Regelungen bedürfen, z.B. für die kommunale/Landkreis-Ebene oder hinsichtlich des gesellschaftlichen Zusammenlebens wie für Religionen/Sozialsysteme etc; aber diese vertieften Regelwerke müssen an anderer Stelle behandelt werden.

3.4 DIE MITTE DES EUROPA-PENDELS

Die Suche nach „der Mitte des Europa-Pendels" ist meines Erachtens eine der Kernfragestellungen im Zusammenleben von uns Europäern und *zieht sich wie ein roter Faden* durch alle meine Bücher. Denn nur der politische, aber auch der regionale Ausgleich zwischen den verschiedenen Nationen und *„Nationchen"* wird letztendlich für alle ein gedeihliches und zufriedenstellendes Zusammenleben ermöglichen. Die EU der 27 zeigt tagtäglich, vor welchen Problemen die Gemeinschaft steht, weil es an den vielen weiteren Problemen an dieser „Mitte" fehlt. Die kleinen und kleinsten Länder fühlen sich oftmals „überfahren" von den Brüsseler Institutionen und machen daher (sehr) oft von ihrem Vetorecht Gebrauch. Das wiederum empfinden die großen EU-Länder in vielen Fällen als *Blockade* und fühlen sich *politisch eingeengt*.

Aus diesem Grund habe ich diesem (europäischen) Problem ein eigenständiges Kapitel gewidmet. Nach meiner Auffassung wird „die Mitte" in zweierlei Hinsicht gestört und zwar durch:

- Unterschiede in der Regierungsform, z.B.:
  - Deutschland sehr föderal („Föderalitis")
  - Frankreich sehr zentral („Zentritis")

- Unterschiede in den Ländergrößenverhältnissen
  (zu viele kleine Länder im Verhältnis zu wenigen mittelgroßen Nationen)

Da für mich die Suche nach „der stabilen Mitte" ein Teil der Gesamtlösung zu sein scheint, um die Gründung der Vereinigten Staaten von Europa zu einem Erfolg zu führen, muss ein zufriedenstellender Mittelweg zwischen den kleinen und den größeren Ländern gefunden werden.

Die Suche nach „der stabilen Mittellage" des Pendels würde aber nur die Mandatsverteilung in der VSE-Nationenkammer betreffen, da nur in dieser Kammer die *nationale Komponente* eine hervorgehobene Bedeutung hat. Nur in der Nationenkammer werden die Mandate nach nationalen Gegebenheiten vergeben. Der Bundespräsident sowie das Parlament werden dagegen supranational gewählt, i.e. jeder VSE-Bürger hat die gleiche Stimme, nationales Wahlverhalten sollte keine Berücksichtigung finden.

Ein Europa „der Regionen"

Für diese Anforderung scheint mir die Schaffung von „Regionen" ähnlicher Größe über alle EU-Nationen hinweg ein sinnvoller Ansatz zu sein. Mir ist in diesem Zusammenhang kein besserer Begriff eingefallen, aber er umschreibt sehr gut, um was es geht. Auch den Begriff habe ich nicht selbst gewählt, es haben sich doch schon viele vor mir mit dem Thema eines vereinigten Europas auseinandergesetzt und irgendwie zu diesem Begriff zurückgefunden. Nicht zu vergessen, dass der Begriff „Region" in einigen europäischen Ländern zur Kennzeichnung eines bestimmten Landesteils dient.

Was aber wäre eine sinnvolle Größe für eine „Region"?

Eine „Region" könnte z.B. eine festgelegte Fläche innerhalb der EU definieren. Bei diesem Ansatz würde jedoch der unterschiedlichen Bevölkerungsdichte nicht angemessen Rechnung getragen.

Bleibt also nur eine *regionale Vergleichmäßigung* hinsichtlich der jeweiligen Bevölkerungsdichte. Wie viele Einwohner sollen aber in jeder Region zugrunde gelegt werden?

Des Weiteren sollte Berücksichtigung finden, dass ein sinnvoller Ausgleich hinsichtlich der fünf größeren Bundesstaaten stattfindet, nämlich zwischen einem zu zentral ausgerichteten Staat und einem zu föderalen Staat. Gerade das föderalistische Deutschland mit seinen 16 Ländern zeigt immer wieder, dass ein *Zuviel an Föderalismus* den Gesamtstaat in seinen Entscheidungen hemmt, was bis zu einer totalen Blockade führen kann. Der innerstaatliche Ausgleich erfordert oftmals unnötig viel (politische) Kraft, sodass Deutschland von außen gesehen als sehr „nach innen zentrierte Macht" wahrgenommen wird und daher außenpolitisch *überfordert* wirkt. In Deutschland selbst wird dieses Phänomen als *(krankhafte) Föderalitis* wahrgenommen.

Auch die schon allzu oft angesprochene EU der 27 zeigt überdeutlich, dass ein großer Reformbedarf in der Führung und

Entscheidungsfindung besteht; die EU-*Staateritis* treibt oft wirklich *erbärmliche Blüten*.

Deshalb bedarf es meiner Meinung nach für die Findung der Mitte des Europa-Pendels noch eines weiteren gemeinsamen Denkansatzes:

Die Vereinigten Staaten von Europa sollen einerseits eine starke Regierung bilden, aber gleichzeitig sollen *föderale Gegengewichte* ein Ausufern zentraler Gewalt verhindern. Die USA haben gerade deutlich vor Augen geführt, wohin es führt, wenn eine (zu) starke Zentralgewalt ihre Machtansprüche über die üblichen Grenzen hinaus *ausdehnt*.

Deshalb ist eine (regionale) Kontrollinstanz von großer Bedeutung; Regionen brauchen daher weitgehende Befugnisse. Gleichzeitig sollen sie aber *nicht blockieren dürfen*, also den üblichen Politikbetrieb *aushebeln*.

Ein Zweikammer-System wäre hier das Mittel der Wahl; ich habe es bereits in Kap. 3.2, Regierungsstruktur, beschrieben. Dieses ist nicht neu, sondern wird in (fast) allen Demokratien bereits zugrunde gelegt.

Hier möchte ich „die Mitte" für den föderalen (Kontroll)Teil, der VSE-Nationenkammer also, eine sinnvolle Lösung suchen.

Wo liegt also die optimale Größe für eine Region?

Ein Blick in das Diagramm in Kapitel 2.3, der Abstand zwischen Groß- und Kleinstaaten, stellt sehr anschaulich die erheblichen Unterschiede bezüglich der Einwohnerzahl dar.

Bevölkerungsstruktur der Europäischen Union der 27 Länder								
Quelle:	Statista 2020							
erstellt:	Rodolfo	27.12.2021						
	Bevölkerung	Zuordnung der Bevölkerung in Mio. nach Größe						
	Mio.	bis 1	1-5	5-10	10-20	20-40	über 40	Summe
Deutschland	83,2						83,2	
Frankreich	67,2						67,2	
Italien	60,3						60,3	
Spanien	47,3						47,3	
Polen	*37,9*						*37,9*	
Rumänien	19,3				19,3			
Holland	17,4				17,4			
Belgien	11,5				11,5			
Griechenland	10,7				10,7			
Tschechien	10,7				10,7			
Schweden	10,3				10,3			
Portugal	10,3				10,3			
Ungarn	9,8			9,8				
Österreich	8,9			8,9				
Bulgarien	7,0			7,0				
Dänemark	5,8			5,8				
Finnland	5,5			5,5				
Slowakei	5,5			5,5				
Irland	5,0			5,0				
Kroatien	4,1		4,1					
Litauen	2,8		2,8					
Slowenien	2,1		2,1					
Lettland	1,9		1,9					
Estland	1,3		1,3					
Zypern	0,9	0,9						
Luxemburg	0,6	0,6						
Malta	0,5	0,5						
Einwohner EU gesamt		2,0	12,2	47,5	90,2	0,0	295,9	447,8
		151,9					295,9	*447,8*
		33,9%					66,1%	100,0%

Das Diagramm zeigt meines Erachtens auch die optimale zukünftige Größe einer Region; sie liegt bei ca. 20-25 Mio. Einwohnern. Interessanterweise existiert eine große Bevölkerungslücke zwischen den fünf mittelgroßen Nationen (größer als 40 Mio. Einwohnern) und den nachfolgenden Klein- und Kleinststaaten (mit max. 20 Mio. Einwohnern). Eine Region mit ca. 20-25 Mio. EW wäre ein guter „Teilungsfaktor" zwischen den großen und kleinen Ländern und würde eine überschaubare Anzahl von ca. 22-25 Regionen in die Nationenkammer einbringen. Eine Region in der Größenordnung von ca. 20-25

Mio. EW wäre tatsächlich auch eine praktische Regierungs-
größe für ein Land oder eine Region.

Das anliegende Bild zeigt die mögliche „Regionalisierung" der
16 deutschen Länder mit maximal vier (4) Regionen:

(Skizze: Rodolfo Di Telo 2022, vier Regionen in Deutschland)

Was hat das zur Folge?

Für die fünf mittelgroßen Nationen würde das zu einer über-
schaubaren Regionalisierung der Nationen führen, zum Beispiel ca. drei in Frankreich und ca. vier in Deutschland. Sie
blieben genügend föderal im nationalen Innenverhältnis und

würden gleichzeitig die nationale Zentritis in zentral gelenkten Staaten überwinden helfen.

Von den jetzt 16 deutschen Bundesstaaten würden vier Regionen übrig bleiben. Diese vier Regionen könnten im Wesentlichen die bereits in den Ländern vorhandenen Rechte (und Pflichten) beibehalten und für andere EU-Länder bzw. Regionen als Beispeil dienen.

Nachfolgend modellhaft die Regionalisierung in Frankreich:

Ein französischer Föderalismus
Bildung von drei (3) Regionen
mit ca. 20-25 Mio. Einwohnern

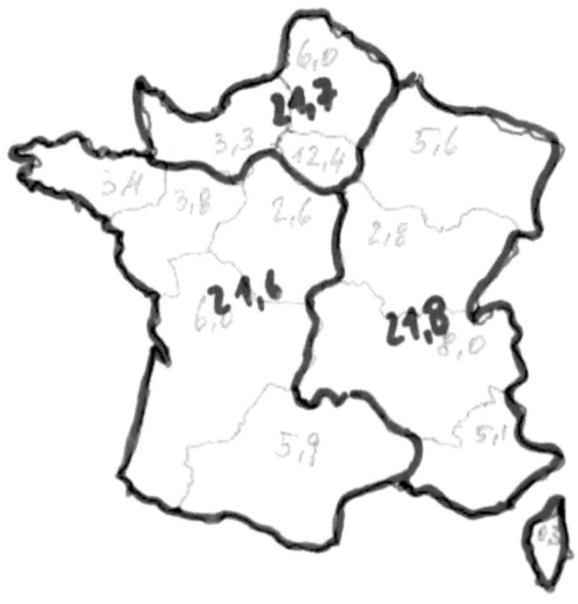

(Skizze: Rodolfo Di Telo 2022, drei Regionen in Frankreich)

Frankreich würde ebenso in drei föderale Regionen gegliedert werden mit ähnlichen Rechten und Pflichten, wie sie bereits in den deutschen Ländern existieren. Die momentane, ausgesprochen starke politische Zentrierung auf Paris würde politisch entlastet zugunsten der neu gebildeten Regionen, ein großer Schritt also in Richtung eines föderalen französischen Staates.

Die drei weiteren größeren Länder Spanien, Italien, Polen, sollten später dann vor dem VSE-Eintrittsverfahren die gleichen Regionalisierungen wie Frankreich und Deutschland vornehmen, und zwar gemäß den Eintrittsregeln in die VSE.

Die 22 weiteren EU-Nationen

Für die restlichen 22 Nationen und „Natiönchen" würde dies im Umkehrschluss zu diversen *gemeinsamen Regionsverbünden* führen mit entsprechend ausgestatteten Rechten (und Pflichten) gleich dem Procedere in den Regionen der fünf großen Länder.

Bonus für Regionalisierung

Zwei oder mehrere kleinere Länder sollten sich also zu Regionen mit mindestens 20 Mio. Einwohnern zusammenfinden. Da das aber *nicht automatisch passieren* wird, müssen wir den Nationen/Ländern *ein Zuckerl* (einen Bonus) anbieten, damit *die Gruppierung* zum Erfolg führt.

Dieses *Zuckerl* würde aber grundsätzlich für alle Nationen gleichwertig vergeben, also auch für die großen Länder, die sich in einzelne Regionen aufgeteilt haben.

Nach meiner Vorstellung sollte dieser Bonus darin bestehen, dass jede Region, die sich zusammenfindet, drei Mandate zusätzlich in der VSE-Nationenkammer erhält, die nach Maßgabe der jeweiligen Region vergeben werden dürfen.

Sollten die eingruppierten Länder in Summe weniger Grundmandate erhalten als ihnen laut Nationenaufstellung zustehen

würden,   werden den Ländergruppen auch diese Mandate gut-
geschrieben; der Mandatszuschlag erfolgt in den Ländern/Re-
gionen.

62

Vereinigte Staaten von Europa (VSE), VSE Nationen-Kammer												
Daten:	Statista											
Chart:	Rodolfo	17.03.2022										
							Nationenkammer					
										Mandatare		
Nation	Region	Nation		Region			Nation		pro Region	Mandatare		Mandatare
	ca. 20 Mio. EW	nwohner		ca. 20 Mio EW	Anzahl		gemäß EW			3/20 Mio EW		gesamt
Frankreich		65,0					72,2	72				
	Nord-West			21,7					24	3		27
	West			21,6	3				24	3		27
	Ost			21,7					24	3		27
							Überhang		0			0
Deutschland		83,2					92,4	92				
	Nord			21,2					23	3		26
	West			18,0	4				20	0		20
	Süd-Ost			21,5					23	3		26
	Süd-West			22,5					25	3		28
							Überhang		1			1
Italien		60,3					67,0	66				
	Nord (fiktiv)			20,1					22	3		25
	Mittel (fiktiv)			20,1	3				22	3		25
	Süd (fiktiv)			20,1					22	3		25
							Überhang		0			0
Spanien		47,3					52,5	52				
	Nord (fiktiv)			22,3	2				24	3		27
	Süd (fiktiv)			25,0					27	3		30
							Überhang		1			1
Polen		37,9					42,1	42				
	Nord (fiktiv)			20,0	2				22	3		25
	Süd (fiktiv)			17,9					19			19
							Überhang		1			1
Rumänien		19,3	26,3		1		21,4	29,0	29	3		32
Bulgarien		7,0					7,8					
							Überhang		0			0
Holland		17,4					32,8					
Belgien		11,5	29,5		2			33	33	3		36
Luxemburg		0,6										
							Überhang					
Griechenland		10,7	11,6		1		11,9	12	12			12
Zypern		0,9					1,0					
							Überhang					0
Tschechien	Nord (fiktiv)	10,7		20,5			11,9		11	3		14
Österreich		8,9					9,9					
Slowenien		2,1	41,1	20,6	2		2,3	45	22	3		25
Ungarn	Süd (fiktiv)	9,8					10,9					
Slowakei		5,5					6,1					
Kroatien		4,1					4,6					
							Überhang		12			12
Portugal		10,3			1		11,4	11				
							Überhang		11			11
Irland		5,0			1		5,6	5				
							Überhang		5			5
Schweden		10,3										
Dänemark		5,8	21,6		1		24,0	24	24	3		27
Finnland		5,5										
							Überhang		0			0
Litauen		2,8					3,1					
Lettland		1,9	6,0		1		2,1	6				
Estland		1,3					1,4					
							Überhang		6			6
Malta		0,5					0,6	1				
							Überhang		1			1
Einwohner EU gesamt		445,6			24		495	490	490	51		541
Mandatare Maximal							495,1	**495**				
Einwohner pro Mandatar (Annahme)								0,90				

(Quelle: Rodolfo Di Telo 2022, Beispiel für die Mandatsberechnung)

Davon ausgehend, dass alle Länder Regionen bilden, wären dies bei 450 Mio. EU-Einwohnern und ca. 22-25 Regionen zusätzliche 66-75 Sitze in der VSE-Nationenkammer. Kein Land sollte aber zur Regionalisierung verpflichtet werden. Lehnt es dies ab, so bleibt es eben bei den entsprechenden Mandataren - ohne Mandatsbonus.

Das anliegende Beispiel möge die Mandatsberechnung verdeutlichen; ich bitte kleinere Kalkulationsfehler zu verzeihen, wird doch bis zur entsprechenden Implementierung noch „viel Wasser den Rhein oder die Seine hinunterfließen".

Selbstverwaltung & Pflichten der Länder/Regionen

Wie bereits in den vorangegangenen Kapiteln erläutert, sollen die Länder/Regionen einen sehr hohen Grad an Souveränität erhalten, im Rahmen einheitlicher gemeinschaftlicher Regeln. Das Ziel soll ja eine föderale Struktur in den VSE sein getreu dem Motto:

So viel zentrale (VSE)-Verwaltung wie nötig, so viel dezentrale Selbstverwaltung wie möglich.

Letztendlich muss es einen geordneten Ausgleich zwischen der VSE-Bundesebene und der nationalen/regionalen Ebene geben; es müssen also die Schnittstellen genauer betrachtet und *Entflechtungen* durchgeführt werden.

„Kleine Nationenkammer"
(für weniger wichtige Gesetze, die nicht verfassungsrelevante Elemente beinhalten)

Sobald sich die VSE zu einer größeren Staatengruppe fortentwickelt hat, also ab einer Größe von ca. 15-20 Regionen, sollte möglicherweise zur Beschleunigung von Gesetzesvorhaben eine „kleine Nationenkammer", als Zwischenebene, eingeführt werden, um Entscheidungsprozesse entsprechend zu beschleunigen. Es ist ja so, dass die meisten Gesetze oder Gesetzesänderungen kleinere Veränderungen an vorhandenen Gesetzestexten ausmachen, für deren Beschluss *nicht immer alle* Mandatare der Nationenkammer notwendig sind. Abgeordnetenkammern sind oft froh von weniger relevanten Gesetzesbeschlüssen, z.B. bei verwaltungsrechtlichen Regelungen, *entlastet* zu werden um sich auf die wichtigen konzentrieren zu können.

Das vorab genannte "kleine Verfassungsgericht" (Bundespräsidentenamt) würde vorentscheiden, welches Gesetz die große Nationenkammer und welches die „kleine Nationenkammer" zwecks Prüfung und anschließender Freigabe passieren muss.

3.5 EINTRITT- UND AUSTRITT

Der Brexit hat bitter vor Augen geführt, was passiert, wenn ein Land die Union wieder verlassen möchte. Deshalb plädiere ich für klare und transparente Regelungen, sowohl für den Eintritt in die VSE als auch für einen möglichen Wiederaustritt.

<u>Eintritt eines neuen Bundesstaates</u>

Nach meinem Dafürhalten sollte ein Eintritt in die Vereinigten Staaten von Europa nach klaren und transparenten Regeln erfolgen. Ein potentieller Beitrittskandidat sollte daher bereits von nachfolgenden Faktoren geleitet sein:

- gefestigte demokratische Strukturen mit einem funktionierenden Rechtssystem, i.e. klare Trennung von Legislative, Exekutive sowie Judikative (unabhängige Gerichte) verankert in Verfassungen, Grundrechten etc.
- Präsidiale Demokratien, keine Monarchien irgendwelcher Art
- Korruptionsfreie Regierungen und staatliche Institutionen
- stabile Regierungen mit langfristigen und verlässlichen Zielen, kein oftmaliger Wechsel, keine unerreichbaren Versprechungen und Wetten auf die Zukunft

- Langfristig solide Haushaltsführung, geringe Verschuldung mit eingebauter Schuldenbremse, in der Lage sich selbst zu helfen, weitgehende Unabhängigkeit von EU-Fördermaßnahmen und Unterstützungen
- Bereitschaft den vorhandenen Euro als Währungseinheit anzunehmen
- Bereitschaft zur eigenständigen Selbstverteidigung Europas sowie daraus resultierend zur Errichtung einer gemeinsamen europäischen Verteidigungsarmee mit der Bereitschaft die dafür notwendigen finanziellen Mittel zur Verfügung zu stellen.
- Bereitschaft zur Mitwirkung an gemeinsamen Rüstungsprojekten zur Friedenssicherung in Europa sowie zur Mitgliedschaft in der NATO
- Bereitschaft die Verfassung der VSE vollständig anzuerkennen
- die klare Bereitschaft nationale Rechte an die VSE-Gemeinschaft abzutreten
- Bereitschaft weitere willige und auch fähige europäische Länder in die VSE aufzunehmen

Aufnahmezeitraum

Generell sollte ein „Kandidat" vor dem eigentlichen Beitritt in eine mehrjährige *(politische) Quarantäne* treten, um sicherzustellen, dass sich der neue „Kandidat" als geeignetes Mitglied für die Vereinigten Staaten erweist. Die vielen überhasteten *Eintritte* der letzten Zeit in die EU haben gezeigt, dass so manche Nation sich nicht für die EU empfohlen hat. Ich denke hier im Besonderen an die vielen (mittel)osteuropäischen Länder wie Ungarn, Polen, Slowenien, Zypern etc, die heute in mancherlei Hinsicht die EU eher bremsen, als dass sie sie voranbringen. Das ist schade, aber man sollte *aus der Erfahrung lernen*.

Die von mir ins Spiel gebrachte *Quarantäne* sollte eher länger als kürzer sein, also vielleicht zwischen vier bis fünf Legislaturperioden, d.h. ca. 20-25 Jahre betragen. Diese Periode sollte eine einseitige Willenserklärung des kandidierenden Landes beinhalten mit dem klaren Bekenntnis zu den Vereinigten Staaten und der gleichzeitigen freiwilligen Übernahme der VSE-Verfassung mit allen politischen Vorgaben und Gesetzen. Die Quarantäne wäre also in gewisser Weise *ein Beobachtungszeitraum*, der zeigen würde, ob das um Aufnahme bemühte Land den (politischen) Willen, also *die inneren Werte und Lebensweisen der Vereinigten Staaten*, mittragen könnte und wollte.

Das mag altmodisch und überholt klingen. Das ganze *überhastete Eingliederungsgebaren der EU in der jüngsten Zeit* hat jedoch genau zu dem geführt, was unbedingt vermieden werden muss, nämlich, dass sich egoistische und eitle Nationen hinzugesellen, die *kein Jota* an die Gemeinschaft abzugeben bereit sind und stattdessen nur die aus der EU erwachsenen Vorteile nutzen möchten. Solche Länder missbrauchen die EU für ihre Zwecke und sind daher lediglich eine Bürde und kein Gewinn.

Aus diesem Grund plädiere ich für ausgesprochen stringente Aufnahmebedingungen; das beantragende Land muss die Gesetze und die VSE-Verfassung komplett für die eigene Regierung übernehmen - soll es doch nach 20-25 Jahren der Bewährung vollständig in die VSE integriert sein *ohne weitere Diskussionen* über den Regierungsablauf.

Das beantragende Land wird also von Vertretern der VSE *kontrollierend begleitet (siehe Beitrittskommission)*, ohne an den Abstimmungen der VSE selbst teilnehmen zu dürfen. Die VSE-Kontrolleure haben Einblick in sämtliche Geschäfte und Regelungen und überwachen, dass der Kandidat keine Gesetze beschließt, die die zukünftigen erweiterten VSE negativ beeinflussen könnten. Alle weiteren politischen Instrumente werden genauso behandelt, wie zum Beispiel das Justiz- & Polizeiwesen, das Finanz- & Wirtschaftssystem, aber natürlich auch das Regierungs- & Verwaltungssystem, inklusive des Wahlmodus. Die Aufnahmequarantäne soll also gewissermaßen die Annäherungs-, (Kohärenz)Phase des Antragslandes an die VSE sein.

Dazu gehören im Einzelnen (ohne Anspruch auf Vollständigkeit):

- Regierungsstruktur
- Finanzpolitik/Währungspolitik
- Wirtschaftspolitik
- Außenpolitik (Politik, Botschaftswesen etc)
- Sicherheitspolitik/Verteidigung/Budget
- Innenpolitik (Polizeiwesen, Administration)
- Justizwesen (VSE-Gerichtswesen)

Über einen Zeitraum von 20-25 Jahren soll also eine komplette Integration des Antragslandes in die VSE stattfinden, sodass bei endgültigem Eintritt auch *das Übergangsprozedere* abgeschlossen ist, i.e. alle Gesetze und Regelungen komplett übernommen wurden, aus einem *nationalen Staat* also ein integrierter vereinigter Staat geworden ist, der alle nationalen Rechte an einen supranationalen Staat übertragen hat, dafür aber ein integraler Bestandteil eines stärkeren und „selbstbewussteren" Staatssystems ist.

Erstellung eines Beitrittsbuches (Beitrittsregeln)

Die VSE werden für jedes Beitrittsland ein individuelles Beitrittsdokument erstellen, in dem die Abläufe, zeitliche Übergangsperioden, Meilensteine, Kohäsionserfordernisse etc. detailliert festgeschrieben sind.

Teil dieses Buches ist die Bildung einer *Beitrittskommission* durch die VSE, die ab dem Zeitpunkt des Antrags unmittelbar an der weiteren Regierungsgestaltung des beantragenden Landes federführend teilnimmt. Dies soll gewährleisten, dass das Land tatsächlich willens ist auch wirklich und umfänglich den VSE beizutreten. *Alibibeitritte* zur EU - wie sie in der Vergangenheit immer wieder beobachtet werden konnten, sind unerwünscht. Die Beitrittskommission soll aus VSE-Vertretern aller notwendigen Regierungsinstrumente bestehen wie

- Regierungsführung sowie Ministerien für:
- Äußeres
- Finanzen & Währungsstabilität
- Sicherheit und Verteidigung
- Wirtschaftsführung & Investitionen
- Energie & Klima, Natur
- Verkehrswesen
- Inneres & innere Sicherheit
- Justiz

Die jeweilige Beitrittskommission wird individuell auf den entsprechenden Beitrittskandidaten zugeschnitten.

<u>Austritt aus den Vereinigten Staaten von Europa</u>

Ja, das gibt es auch, der Brexit hat dies äußerst anschaulich gezeigt! Mit möglichen Austritten müssen die VSE rechnen. Da erscheint es besser, dass die VSE schon vorab strikte Beitrittsregeln festschreiben. So weiß das jeweilige Land dann schon im Vorfeld, mit was es *zu rechnen hat*, wenn es denn die Trennung möchte.

So wie sich ein Land gut überlegen sollte, ob es in die VSE eintreten möchte, so muss es dem austretenden Land dann auch *„etwas wert sein"* wieder auszutreten. Eintritt wie Austritt soll und darf es *nicht zum Nulltarif* geben. Schließlich ist der administrative und wirtschaftliche Aufwand dafür mit hohen Kosten verbunden.

Während die Kosten für den Eintritt eines Landes noch als moderat bewertet werden können, weil das Eintrittsprozedere stringent gehandhabt wird, sollten die Austrittskosten dafür entsprechend hoch angesetzt werden. Das berühmte Spiel *„Rein in die Kartoffeln, raus aus den Kartoffeln"* sollte in jedem Fall *teuer bezahlt werden müssen*; jedes Land sollte sich vorher überlegen, ob es diese Kosten wirklich schultern will.

Ich möchte mich hier nicht über *den Preis für den Austritt* auslassen, weil ich erstens kein Volkswirt bin, der *einen detaillierten Wert beziffern kann* und es zweitens viel zu früh ist darüber *zu fabulieren*. Die Berechnung der Austrittskosten darf aber *nicht unter den Tisch fallen*, sondern muss im oben genannten Eintrittsbuch detailliert erfasst werden.

Diverse Größenordnungen können aber durchaus herangezogen werden, zum Beispiel ein vorher festgelegter *Prozentsatz vom BIP* des jeweiligen Landes:

Kosten für	% vom BIP (Bruttoinlandsprodukt des Landes)
Eintritt pauschal	5
Austritt:	
- Kosten je Jahr in VSE	0,5 (min. 5)
- Austritt pauschal	10
- Ausgleich gemeinsame Belastungen	10
- Verlust gemeinsamer Markt	20
- Darlehensausgleich aus Staatsschul den in Prozent vom BIP (Ann. Darlehen 100% vom BIP)	100
- Darlehensauflösung	15
- Gesamtkosten grob abgeschätzt	165
Kosten ohne Darlehen (Übernahme der Staatsschulden)	65

(Tabelle: Rodolfo Di Telo 2022, Beispiel für eine Austrittsrechnung)

Beträgt das BIP eines Landes ca. 1.000 Mrd. €, dann würden sich die Kosten für einen Austritt auf ca. 1.650 Mrd. € beziffern; übernähme das austretende Land die Staatsschulden selbst, dann wären es ca. 650 Mrd. € (65% v. BIP). Das scheint mir eine angemessene Größe für Austrittskosten zu sein.

Des Weiteren muss der Austritt, so wie auch der Eintritt, gemäß eines detaillierten Austrittplans erfolgen und sollte mindestens 10 Jahre im Voraus angemeldet werden, damit sich die übrigen

VSE-Länder entsprechend auf den Austritt einstellen und rechtzeitig entsprechende Maßnahmen einleiten können. Außerdem darf das austretende Land nur zu bestimmten Terminen austreten, die in Abstimmung zu generellen innerstaatlichen Länderumstrukturierungen stehen (siehe Kapitel 3.4 Innenverhältnis).

Rechtsstreitigkeiten

Rechtsauseinandersetzungen bei Eintritt und Austritt werden ausnahmslos nach VSE-Recht und von VSE-Gerichten geklärt.

<u>Rücktritt während der Eintrittsphase</u>

Auch diese Option sollte bestehen für den Fall, dass das ein oder andere Beitrittsland während der Aufnahmephase doch wieder zurücktreten möchte. Auch hierfür sollte es klare Regeln geben.

Grundsätzlich sollte das beantragende Land im Aufnahmeantrag einwilligen, sich ab dem schriftlichen Antrag den VSE-Gesetzen und Gerichten zu beugen. Außerdem sollte es sich bereiterklären die pauschalierten Eintrittskosten zu übernehmen, also die geschätzten 5% vom BIP.

Dies soll verhindern, dass sich ein Beitrittsland *nach Lust und Laune* für den Beitritt ausspricht und wenig später seine Meinung doch wieder ändert und austreten möchte; solche *Spielchen* sind kostspielig und sollten demzufolge vermieden werden. Die VSE brauchen ausschließlich seriöse Kandidaten für die Gemeinschaft und keine egoistischen *Nationalstaatler*, die *je nach interner Kassenlage oder Befindlichkeit* die VSE missbrauchen wollen; in die VSE sollen ausschließlich „gemeinschaftswillige" Kandidaten aufgenommen werden, die mit aller (politischen) Macht hinter den VSE stehen. Nur so entsteht eine kraftvolle und einheitliche Union.

Alle anderen Länder können gerne in der EU verbleiben und sich nach bestimmten Regeln an den VSE beteiligen, zum Beispiel in Form eines europäischen Verteidigungsbündnisses.

Die Regeln für das Verteidigungsbündnis werden aber wiederum von den VSE vorgegeben inkl. des VSE-Oberkommandos.

72

3.6 DAS INNENVERHÄLTNIS

Auch im Innenverhältnis sollten klare Regelungen gelten; das Beispiel der USA, wo einzelne Landkreise je nach Gutdünken des Bundesstaats die Grenzen ziehen dürfen, sollte innerhalb der VSE nicht Schule machen.

Grenzverschiebungen

Das soll aber *Grenzverschiebungen* nicht grundsätzlich ausschließen. Sie sollen sogar möglich sein, da mitunter durch staatsrechtliche Anforderungen, durch bürgerliche Verhältnisse oder durch Natureinflüsse Verschiebungen oder neuerliche Grenzbetrachtungen notwendig werden.

So zeigt die Überschwemmungskatastrophe im Ahrtal, dass mitunter neue Gemeindegrenzen gezogen werden müssen, weil klimabedingt bestimmte Gebiete nicht mehr bebaubar sind und einzelne Bewohner oder ganze Dorfgemeinschaften umgesiedelt werden müssen. Des Weiteren sind Eingemeindungen oder Gemeindezusammenschlüsse ganz normale staatsrechtliche Vorgänge genauso wie notwendige Enteignungen als letzte Möglichkeit eines Staatswesens, um allgemeine Aufgaben umsetzen zu können wie den Bau von Straßen, Bahnen oder Energietrassen.

Grenz- und damit Eigentumsverschiebungen sind im üblichen Rahmen also alltägliche Vorgänge, die in unserer Rechtsauslegung verwendet werden.

Länderumstrukturierungen

Genauso wie auf der Kommunalebene Umstrukturierungen möglich sind, sollte dies auch auf Länderebene möglich sein. Ich denke da an das Referendum zur Zusammenlegung von Berlin und Brandenburg (das letztlich abgelehnt wurde).

Die VSE müssen also länderweite Grenzänderungen ins Kalkül ziehen und grundsätzlich zulassen. Aber auch hier gilt, dass schon in einer Verfassung darauf Bezug genommen werden muss.

Die Bevölkerung wächst in unterschiedlichem Maße oder nimmt auch da und dort ab, z.B. bei wirtschaftlich begründeten Bevölkerungsverschiebungen oder unterschiedlichen beruflichen Angeboten in Städten und Regionen. Ich denke hier im Besonderen an die Abwanderung vorwiegend junger Frauen aus den fünf neuen Ländern hin zu den elf alten Ländern in den 1990er Jahren, weil sie sich dort ein besseres Leben erhofften; damit entstand eine Bevölkerungsverschiebung von Ost nach West von ca. vier Millionen Menschen (Quelle MDR, März 2021), was ca. 5% der gesamtdeutschen Bevölkerung entspricht; in demselben Zeitraum sind c. 2,5 Mio. Bewohner von West nach Ost gezogen, sodass ein Migrationssaldo von ca. 1,5 Mio. Menschen bleibt. Aber zwischen einzelnen Ländern kam es zu keinem regionalen Ausgleich. Die großen westeuropäischen Länder wuchsen, während die östlichen Länder einem bevölkerungsmäßigen Aderlass hinnehmen mussten; ein sinnvoller länderübergreifender Ausgleich fand nicht statt. Lediglich Berlin sowie einzelne Metropolen wie Dresden oder Leipzig erlebten einen messbaren Zuzug. Auf diese Art wuchsen in Deutschland einige wenige Bundesländer wie Bayern, Baden-Württemberg oder Nordrhein-Westfalen, während andere (vorwiegend östliche Länder) große Verluste hinnehmen mussten.

Wie könnte nun solch eine Grenzverschiebung aussehen? In jedem Fall sollte sie wohlüberlegt und gut vorbereitet sein.

In meinem Kapitel 3.4, Die Mitte des Pendels, habe ich beispielhaft darauf Bezug genommen. Durch die sinnvolle Zusammenlegung einzelner Länderregionen könnte sowohl bevölkerungsmäßig, wie auch föderalistisch viel gewonnen werden. Die Verantwortlichkeiten würden z.B. in Deutschland von jetzt 16 auf zukünftig vier Regionen konzentriert werden. Wirtschaftlich starke Regionen wie Bayern würden schwächere auffangen; oder starke Zentren wie Hamburg und Berlin würden schwächeren Ländern wie Mecklenburg-Vorpommern oder

Brandenburg direkt helfen können. Der Bevölkerungssaldo in Gesamtdeutschland wäre dann wieder etwas ausgeglichener.

Ähnliche Umstrukturierungen könnten auch in Frankreich erfolgen, allerdings eher in die andere Richtung. Die ausgesprochen zentralstaatliche Struktur, mit Paris als *einzigem Ort des (politischen) Geschehens*, könnte aufgeteilt werden in drei größere und dann selbstständiger agierende Regionen; auch darauf habe ich bereits in Kap. 3.4, Die Mitte des Pendels, Bezug genommen. Solch eine Entzerrung von politischer Konzentration würde dem französischen Staat sicherlich guttun.

Monarchien und neue Länderstrukturen

Ich bin bereits in Kapitel 2.7, Monarchische Staatsführungen, auf die Problematik *von dynastischen Häuptern* in diversen EU-Ländern eingegangen. Aufgrund ihrer (Gottesgnaden)Erbrechtsfolge werden sie wohl *kaum etwas daransetzen*, dass durch geplante neue Grenzziehungen *ihre Territorien verkleinert werden.* Welcher *Herrscher* möchte letztlich *als Lackland dastehen/-sitzen*? Menschlich durchaus verständlich, aber staatsrechtlich gesehen würden sich die VSE *eine Laus in den Pelz holen.*

Also kurz gesagt, für die VSE kommen Länder mit *gekrönten Häuptern und mit Erbfolgerecht* nicht in Betracht. Diese Länder sollten solange außen vor bleiben, bis sie für ihre *royalen Herrscher ein passendes Rentenfleckchen* ohne dynastische Ansprüche gefunden haben, sei es durch (Selbst)Abdankung (i.e. Thronverzicht), sei es durch einen Volksentscheid.

4.0 DIE VSE-STAATSFÜHRUNG

„Ein geeintes Europa wäre auch dann eine zwingende Notwendigkeit, wenn es überhaupt keine sowjetische Gefahr gäbe. Die Schaffung Europas ist die Aufgabe, die unser Zeitalter uns Europäern gestellt hat. Sie zu lösen, geht uns alle gleichermaßen an, ohne Rücksicht darauf, welche Sprache wir sprechen, ganz besonders aber uns Deutsche und Franzosen, weil unsere Völker am schwersten an der Geschichte tragen.“
(Konrad Adenauer 1876-1967, „Unsere beiden Völker", 1952)

Über die VSE-Staatsführung *müssen nicht viele Worte gemacht* werden, weil sie sich durch die anstehenden Aufgaben selbst ergibt.

Die VSE-Regierung hat zwangsläufig mit umfangreicheren Aufgaben zu tun als das einzelne EU-Land und ist vergleichbar mit der US-Regierung und ihrer globalpolitischen Relevanz.

Bereits das VSE-Kerneuropa bestehend aus Deutschland & Frankreich wäre in jedem Fall ein globaler Mitspieler, schon allein aufgrund der ausgeprägten Wirtschaftskraft dieser beiden Länder; so vereinigt das VSE-Kerneuropa aus DE & FR jetzt schon ca. 40% des gesamten Bruttoinlandsproduktes der aktuellen EU sowie ca. ein Drittel der EU-Gesamtbevölkerung auf sich.

Daraus lässt sich ableiten, welchen Einfluss bereits das VSE-Kerneuropa weltweit haben würde.

4.1 STAATSFINANZEN UND HAUSHALTE

„Beim Geld hört (bekanntlich) die Freundschaft auf", sagt ein Sprichwort - und das gilt zuvörderst auch für Länder- und Staatensysteme. Gerade die EU ist da wieder *„ein (nicht) leuchtendes Beispiel"*.

Geldmittel (Haushaltsführung) sowie *Sparen* sind unerlässlich, wollen Systeme (Unternehmen, Gruppen, Privatpersonen, aber auch Staaten) sich nicht überschulden und zu einer Bankrotterklärung gezwungen werden.

Staatsfinanzen, Haushaltskontrolle und Haushaltssperre

Der Schuldenbremse kommt also eine besondere Bedeutung zu. Ein (Staaten)System kann nur funktionieren, wenn Staatseinnahmen und -ausgaben in Balance gehalten werden. Um die Gefahr einer ausufernden Inflation zu bannen, müssen klare Kriterien geschaffen werden; so sollte eine schwarze Null das oberste Ziel eines jeden Haushalts sein - auch das einer Region oder eines Landes. Den Finanzen und deren Kontrolle kommt also auf jeder Ebene eine besondere Bedeutung zu.

Das sollte eigentlich eine Selbstverständlichkeit sein, ist es aber nicht, wie es die EU-Länder tagtäglich vor Augen führen. Das Finanzinstrument „Haushaltssperre" muss also verfassungsmäßig verankert und letztendlich auch finanzrechtlich eingefordert werden können (siehe Finanzgerichtshof, Verfassungsgericht).

Eine geordnete Selbstverwaltung funktioniert nur dann, wenn auch alle die vorgegebenen Ziele und Rahmenbedingungen einhalten - ganz vorne dabei die Haushaltsführung. Daher sollte die Gründung der Vereinigten Staaten von Europa in einem ersten Schritt nur mit wenigen willigen Staaten beginnen und nicht mit dem gesamten Haufen der 27 zerstrittenen Kleinkönige. Mit Geld muss man umgehen können, aber das können oder wollen viele Länder nicht; ganz vorne dabei: Italien! Aus diesem Grund sollen ähnlich eingestellte Länder nicht Gründungsmitglied der VSE werden dürfen.

Gliederung der Finanzen für Regionen/Länder sowie für die VSE-Bundesebene

Hier spielt das Thema „Entflechtung" eine wesentliche Rolle. Grundsätzlich sollten die Einnahmen und Ausgaben den jeweiligen Ländern/Regionen sowie dem Bundesstaat zugeordnet werden.

Folgende Finanzbereiche sind relativ eindeutig zuzuordnen; sie gehören zur Bundesebene:

- Bundespräsident
- Bundesregierung und VSE-Parlament
- Alle Bundesregierungsinstitutionen (wie Geheimdienste, SpionageAbwehr etc)
- Alle Bundesgerichte

Des Weiteren:
- Ausgaben für Auswärtige Angelegenheiten (Entwicklungshilfe, etc)
- Sicherheit/Verteidigung (Land, Luft-, Weltraum-, Seefahrt)
- Bundesinnendienste (Polizei, Geheimdienste, Verwaltung, Katastrophenschutz etc)
- Bildung (Universitäten, Forschungseinrichtungen etc)
- Strategische Investitionen und Zukunftstechnik

Haushaltsführung, Finanzierung & Ausgabenpolitik

Aber schon bei den weiteren Haushaltsbudgets bedarf es klarer Abgrenzungen zwischen Bund und Regionen/Ländern, als da wären:

- Energieversorgung und Klima
- IT-Versorgung und Digitalisierung
- Verkehr und Transport
- Arbeit und Sozialsysteme
- Gesundheit und Versorgung
- Immigration und Verteilung
- Wirtschaftsführung, Investitionen
- Bauen/Infrastruktur, Genehmigungen/Standortentwicklung
- Agrarwirtschaft und Lebensmittelversorgung

All diese Punkte sollen nur exemplarisch erwähnt werden; sie zeigen aber die Komplexität auf, wenn es darum geht, den Geld-zu- und -abfluss zwischen Bund und Ländern/Regionen möglichst gerecht zu verteilen.

Auch da verweise ich gerne auf die *tagtäglichen Spielchen* der unwürdigsten Art in den EU-Gremien. Jedes Land will *in den EU-Topf hineingreifen*, aber möglichst zu keinem Zeitpunkt für die Ausgaben *Rede und Antwort stehen*.

Hier müssen klare Regelungen geschaffen werden, die in der Verfassung niedergeschrieben sind.

Steuerhebesystem

Eine übliche Praxis besteht darin, diverse Einnahmen und Steuern dem jeweiligen Haushaltstopf direkt zuzurechnen, wie z.B. in Deutschland die Grundsteuergebühren für die Kommunen und Länder. Viele Steuern werden aber erhoben und mittels eines Steuerschlüssels umständlich auf die Staats- und Länderebene umgelegt, was meist zu einem *ewigen* Diskussionsgezerre unter den Geber- und Empfängergruppen führt. Zugegebenermaßen ist es leider nicht immer möglich eine exakte Zuordnung zu finden.

In manchen Ländern (zum Beispiel Schweiz, USA) werden gewisse Hebesätze den unterschiedlichen Ländern/Regionen zugeordnet. Es kann z.B. der Bund einen Teil der Umsatzsteuer (i.e. x%) für die Bundesebene erheben und einen weiteren Teil (y%) die jeweilige Region/das Land. Das führt dazu, dass zwar „der (Bundes)Staat" einen einheitlichen Satz (x%) zugesprochen bekommt, weil er ja *bundeseinheitlich* handeln soll, die einzelnen Länder aber regional unterschiedliche y-Sätze erheben dürfen.

Das *klingt nach Wettbewerb* und soll es letztlich ja auch sein. Derzeit ist es ja auch so, dass alle 27 EU-Länder unterschiedliche Steuersätze haben und meist ziemlich gut damit leben können. Auch ich sehe diesbezüglich einen recht guten Wettbewerb unter den unterschiedlichen Regionen und VSE-Ländern, und es entspricht auch dem föderalen Gedanken; eigenständige Regionen müssen auch selbstverantwortlich über ihren Haushalt verfügen dürfen.

Natürlich müssen begleitende Rechtsinstrumente wie Länderfinanzausgleich oder Verwaltungsgerichte dafür Sorge tragen, dass Ungleichheiten unter den Regionen im Rahmen bleiben; aber grundsätzlich sollte eine föderale Region über den Haushalt selbst bestimmen dürfen. Was diesen Punkt betrifft, mache ich mir keine allzu großen Sorgen, gibt es doch mittlerweile viele föderale Systeme in Europa und somit auch genügend Anlehnungsmöglichkeiten. Wie sagt ein Spruch: „Wo ein Wille ist, da ist auch ein Weg". Wenn der politische Wille da ist, VSE-weit föderale Strukturen zu schaffen, dann wird das auch gelingen, da bin ich sehr zuversichtlich.

Kontrolle der Haushalte

In einigen Ländern der EU gibt es Kontrollorgane, die die Einnahmen und Ausgaben der Gemeinden/Städte, der Länder und des Bundes kontrollieren. Gerade beim Thema „Schuldenbremse" muss auch die Kontrolle bzgl. ihrer Einhaltung gewährleistet sein, sonst ist die Schuldenbremse *ein zahnloser Tiger*. Und diese Kontrolle muss bei Feststellung von Verstößen mit (finanziellen) Konsequenzen einhergehen.

Ich könnte mir vorstellen, dass den Nationen/Regionen, die ihr Finanzbudget überziehen, ein vom Bund bestellter Kurator beigestellt wird, der dann den Haushalt zeitweise regelt und über die Einnahmen und Ausgaben wacht. Anders geht's wohl nicht. Wir Menschen sind leider so.

Der Bundeshaushalt sollte klare Vorgaben hinsichtlich der Haushaltsführung beinhalten und Verstöße gegen diese Vorgaben sollten geahndet werden.

4.2 VSE SICHERHEIT/VERTEIDIGUNG

„Ich habe keine Angst vor einer US-amerikanischen Invasion in Europa, so kann ich mir aber vorstellen, dass sich nähere Mächte wie zum Beispiel Putins Russland dauerhaft in unsere innereuropäischen Angelegenheiten einmischen und unsere vorhandene lose gebundene EU versuchen werden zu zerlegen. Die tagtäglichen IT-Angriffe, die Trolle, fast ausschließlich aus dem Umfeld des lupenreinen Demokraten Putin (so Gerhard Schröder), zeigen, wohin seine Denkrichtung geht und was er mit der EU und Europa vorhat."
(Quelle: Rodolfo Di Telo 2020, „Mehr Europa wagen - Die Vision)

(Anmerkung: Gerade eben hat der von Putin begonnene brutale Angriffskrieg am 24. Februar 2022 gegen die schutzlose Ukraine eine politische „Zeitenwende" in Europa - und wohl auch auf der ganzen Welt eingeleitet und ein paar hier besprochene Denkansätze vorweggenommen. Es musste erst zu diesem schlimmen Raubkrieg kommen, dass wichtige Veränderungen in Europa stattfinden werden; traurig eigentlich!)

Dieses Kapitel ist ein *leidiges Thema* in der EU, beziehungsweise in einzelnen EU-Ländern, weil die EU zwar dringend eine einheitliche Sicherheitsstrategie benötigt, aber *der Begriff „Einheitlichkeit"* wohl grundsätzlich *zum permanenten Unwort des Jahres auserkoren* worden ist. So wie die Aussage „Nichts ist so beständig wie der Wandel" für endlos laufende Veränderungen verwendet wird, so kann man umgekehrt zur EU sagen, dass *Einigkeit nur in der (laufenden) Uneinigkeit stattfindet*. Und das ist gerade ein Problem in Fragen zur gemeinsamen Sicherheit und Verteidigung.

Das eine Land gibt mehr Geld aus für Verteidigung, so z.B. Länder wie Litauen, Estland oder Lettland, die besonders nah an Putins *Hegemonialgrenzen* liegen, und die er gerne wieder in seine *wiedererwachte Sowjetunion stalinistischer Prägung integrieren* möchte.

Dann gibt es wieder Länder, die völlig apathisch und defensiv mit dem Thema „Sicherheit und Verteidigung" umgehen, wie Deutschland oder Österreich. Da hat man das Gefühl, dass die dortigen Regierungen lieber *ein Hanfpfeifchen rauchen und müde mit dem Ölzweig zu winken,* als ordentliche Verteidigungspolitik zu machen.

Dann gibt es die *aktivistischen Hegemonialländer* wie Frankreich, die gerne den sicherheitspolitischen *Hansdampf in allen Gassen auf der Weltbühne spielen* wollen - bevorzugt mit dem Geld anderer Länder.

Wieder andere, vorwiegend im mittleren Osten, wie Polen oder Ungarn, wollen eigentlich nur die EU zur Kasse bitten und sich an deren Pfründen gütlich tun, verbieten sich aber jegliches Mitspracherecht der EU, treten stattdessen deren Gesetze immer wieder mit Füßen.

Und so gibt es in der EU ein ganzes Sammelsurium von unterschiedlicher Meinungen und Denkstrukturen. Jeder macht, was er will, keiner macht, was er soll, aber alle machen (irgendwie) mit. Auf diese Weise kann natürlich nichts Sinnvolles zu Wege gebracht werden, vor allem nicht auf dem hochsensiblen Gebiet der Sicherheit und Verteidigung; die EU ist diesbezüglich also ein wirklich schlechtes Beispiel und keinesfalls zur Nachahmung empfohlen.

Die Vereinigten Staaten von Europa brauchen gerade deshalb eine einheitliche, starke und wehrhafte Struktur nach außen, mental verankert und getragen von der gesamten VSE-Bevölkerung.

Ich bin wahrlich *kein Militarist* oder *Kriegstreiber* und auch kein ausgewiesener Militärexperte; deshalb habe ich lange Zeit solche Maxime wie „Schwerter zu Pflugscharen" oder „Es ist Krieg, aber keiner geht hin" befürwortet. Ich wollte keinen Krieg und ich will auch heute und in Zukunft keinen, aber ich musste im Laufe meines Lebens lernen, dass meine (pazifistische) Denkweise nicht unbedingt von anderen mitgetragen wird, sondern dass viele Menschen durchaus Unfrieden stiften wollen, um ihre ureigenen Ziele durchzusetzen, ihre Gier zu befriedigen oder ihren Neid zu rechtfertigen, getreu dem Motto: „Es kann der Beste nicht in Frieden leben, wenn's dem bösen

Nachbarn nicht gefällt!" Was für Einzelne gilt, gilt auch für ganze Gruppen oder Staaten.

Was macht ein defensiv denkender Mensch (oder Staat) wenn „keiner in den Krieg ziehen will", aber „der Krieg zu ihm kommt"? Wie soll der Mensch reagieren? Was soll ein Land tun? Im biblischen Sinne (auch) *die linke Wange hinhalten*, wenn man *einen Schlag auf die rechte bekommt*? Das hat einstens auch Ghandi mit gewaltlosem Widerstand versucht - und ist kläglich gescheitert. Also auch keine Lösung!

Deshalb bin ich im Laufe meines Lebens ein Anhänger des norddeutschen Spruchs geworden, der da heißt: „Wat mutt, dat mutt". Im Lateinischen gibt es einen (etwas martialischeren) Begriff: „Si vis pacem, para bellum" („Wenn du Frieden willst, (dann) bereite dich auf den Krieg vor").

Leider ist diese Tatsache so traurig wie wahr! Die aktuell zur Schau getragene, extrem aggressive Haltung Putins gegenüber einem europäischen Land (Ukraine) zeigt überdeutlich, dass sprichwörtliche *Ölzweige* wenig (oder gar nichts) ausrichten, wenn sich der Aggressor davon nicht abhalten lässt. Politische Absprachen nützen rein gar nichts, wenn „regelbasiertes Handeln" *mit Füßen getreten* wird. Da hilft dann nur eine *robuste Reaktion* mittels *passender Sicherheitsinstrumente* („Panzer & Raketen", Baerbock).

Wir müssen also *nolens volens* (wohl oder übel) wieder *einen oder zwei Schritte zurück* und unser *regelbasiertes Handeln* mit sicherheitsrelevanten Systemen begleiten; wir müssen *unsere Ölzweige* wieder mit *passenden Schwertern* (i.e. Baerbock, „Panzer & Raketen") ergänzen.

Dazu gehört auch, dass junge Menschen (wieder) *lernen*, dass der Staat nicht nur für sie da ist, sondern umgekehrt auch, dass die Bevölkerung für den Staat (also für uns alle) einstehen muss; ich denke hier an die Rückkehr zu einem verpflichtenden Dienst für alle jungen Männer und Frauen. Über die Dauer dieses Einsatzes kann diskutiert werden, ebenso über die Tätigkeitsgebiete; zentral muss aber bleiben, dass die Bevölkerung und der Wehrdienst (wieder) zu einer Einheit zusammen finden. Militär-/Sicherheitsdienst und Staat dürfen nicht mehr „zwei sich ausschließende Mengen" bilden, sondern müssen als *EIN Staatskörper* wahrgenommen werden.

(Skizze: Rodolfo Di Telo, 2022, Defensive-offensive Haltung)

Ich hoffe, Frau Merkel wird mir die Verwendung ihres Bildes verzeihen.

In *Zeiten mit einem Despoten wie Putin* müssen wir wieder zur *Ost-West-Abschreckung* zurückkehren; seine *„Sicherheitspapiere"* und seine Vorgehensweise erinnern mich an Philipp von Makedonien, der einen griechischen Stadtstaat nach dem anderen *einkassierte* und mit allen zusammen den zwangsweisen „korinthischen Bund" schuf, einen von Philipp dominierten Hegemonialstaat. Die demokratischen griechischen Stadtstaaten waren ihre Demokratie für Tausende von Jahren los. Geschichtsaffine Leser finden darüber unzählige Geschichten im Internet.

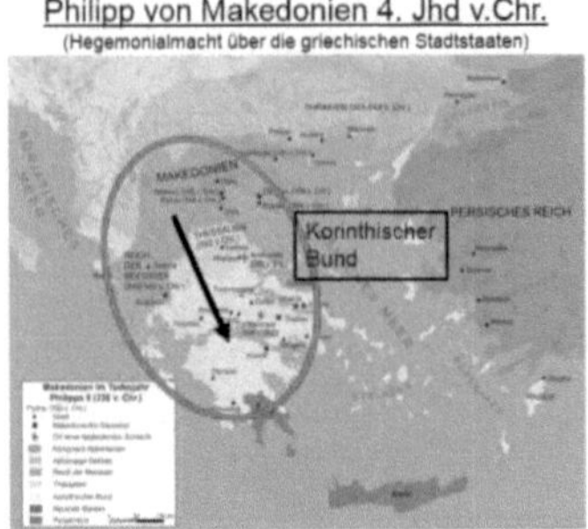

(Skizze: Rodolfo Di Telo 2022, Hegemonialbestrebungen Philipp/Makedonien - Putin 2022)

Mein Logo (Teil der VSE-Fahne) würde daher so aussehen:

(Skizze: Rodolfo Di Telo, 2022)

Das Verteidigungsbudget

Seit Jahrzehnten gibt es dafür im westlichen Europa (im Bereich der NATO) eine griffige Formel und die heißt kurz und knapp „2% vom BIP" (die einzelnen NATO-Länder sollen jährlich ca. 2% vom Bruttoinlandsprodukt für Verteidigungsausgaben bereitstellen). Erhoben wurde dieser (berechtigte) Wunsch seitens der USA, weil diese die hohen Verteidigungskosten für uns Europäer nicht mehr alleine schultern können und verständlicherweise auch nicht mehr wollen. Die USA haben globalpolitisch mit China *ganz andere Sorgen im Pazifik*. Außerdem hat Trump, *das US-Schreckgespenst* schlechthin, überdeutlich gemacht, was mit Europa passieren könnte, sollte Trump selbst oder ein ähnlich denkender (und handelnder) (Un)Geist in den USA erneut an die Macht kommen.

Aber die europäischen Staaten wären nicht *„die Europäer"*, würde nicht jedes Land etwas völlig anderes tun oder nicht tun.

Die anliegende Tabelle (deutscher Verteidigungshaushalt) zeigt diese Ignoranz:

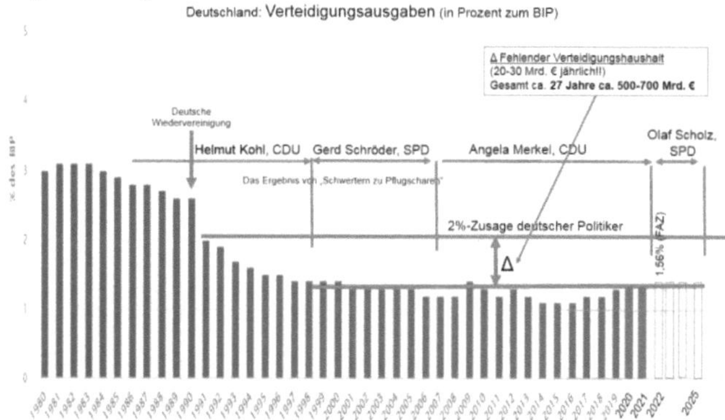

(Quelle: Basisdaten Statista, Rodolfo Di Telo 2021, Berechnung)

 Seit Jahrzehnten zeigt sich Deutschland in diesem Zusammenhang als besonders uneinsichtig; trotz mehrmaliger Zusagen über die Jahre hinweg verweigert sich das mit großem Abstand wirtschaftlich stärkste Land Europas mit einer nicht mehr nachvollziehbaren Penetranz, diese Größenordnung auch nur annähernd einzuhalten. Deutschland betreibt Trittbrettfahrertum der schlimmsten Art und fordert von anderen Ländern, vorwiegend von den USA, dass sie es (i.e. Deutschland) *mit allen ihren Mitteln* verteidigen sollen. Es lehnt sich zurück und betreibt äußerst *defensive Ölzweigpolitik*; diese *„Verharmlosigkeitsdenke"* trägt schon fast schizophrene Züge in sich und ist *mit den traurigen Erfahrungen aus der deutschen Geschichte im 20. Jahrhundert* nicht mehr zu erklären. Unterstrichen wird dies mit dem jährlichen Wehrbericht; für das Jahr 2021 hat der Wehrbeauftragte Zorn der Bundeswehr eine „77%ige Einsatzfähigkeit" bescheinigt.

Jetzt, 77 Jahre nach dem zweiten Weltkrieg, 32 Jahre nach der deutschen Wiedervereinigung sowie einer jahrzehntelangen

Einbindung in die EU, wird kein Europäer Deutschland ernst-
haft irgendeine Böswilligkeit unterstellen, sollte es den ge-
wünschten Forderungen der EU und der NATO über höhere
Sicherheitsausgaben nachkommen.

Deutschland ist geradezu aufgefordert, seinen entsprechenden Sicherheitsbeitrag im europäischen Verbund zu leisten. So
hat dieses Land in der aktuellen Ukrainekrise eine hohe Mit-
schuld, weil sich Putin in besonderem Maße durch die man-
gelnde deutsche Sicherheitsstrategie gestärkt sieht. Bedingt
durch die schwache sicherheitspolitische Präsenz Deutschlands in Europa werden die EU und Europa insgesamt von
Russland und anderen außereuropäischen Mächten gar nicht
mehr ernst genommen. Es ist für uns Europäer ein wahrlich
unerträglicher Zustand, dass Putin und die USA *über unsere
Köpfe hinweg Europapolitik betreiben*. So etwas kann und darf
nicht sein. Das dürfen wir nicht zulassen! Das müssen wir un-
terbinden, indem wir die Vereinigten Staaten von Europa *ins
Werk setzen*.

Liebe Europäer, wir müssen unseren aktuellen Politikern *das
Heft aus der Hand nehmen,* indem wir über die Gründung von
supranationalen Parteien eine gemeinsame Europapolitik und
damit auch Verteidigungspolitik voranbringen und Deutschland
und Frankreich zu einem ersten Kerneuropa verbinden. Die aktuellen Politiker unserer beiden Staaten denken nur an sich und
ihre egoistischen Machtansprüche; die Franzosen verfolgen
ihre *Globalstrategie als Hegemon mit atomaren Instrumenten,*
während Deutschland *seine defensive Politik mit dem wedeln-
den Ölzweig verfolgt*. Beides passt nicht zusammen, und deswegen funktioniert eine gemeinsame Sicherheits- und Außenpolitik auch nicht.

Die folgende Tabelle zeigt, welches Sicherheitspotential in der
EU steckt; würde jedes der 27 EU-Mitgliedsländer tatsächlich
die nötigen 2% vom BIP für Verteidigung aufbringen, stünde
der EU ein Sicherheitsbudget von ca. 280 Mrd. € jährlich zur
Verfügung, genug um *alle bösen Geister wie Putin oder China*

zu verjagen; Deutschland und Frankreich alleine hätten zusammen genommen immer noch ein Budget von ca. 120 Mrd. € jährlich.

Europa, 2019, BIP + Verteidigung Mrd. Euro						
Land		**BIP (Mrd. €)** (Quelle: Statista)		**Verteidigung** (Schätzung Rodolfo)		
				% vom BIP		Mrd. €
EU der 27 Nationen (gesamt), (Quelle: Statista)			13.940	2%		278,8
davon:						
Deutschland		**3.440**		2%	68,8	
Frankreich		**2.420**		2%	48,4	
Spanien		1.250	8.860	2%	25,0	177,2
Benelux gesamt (812+474+64 Mrd. €)		1.350		2%	27,0	
Österreich		400		2%	8,0	
					177,2	
Zum Vergleich: (Quelle Wikipedia, Liste der Länder nach BIP):	Kurs:					
USA (ca. 21.430 Mrd. USD)	1,12		19.130	2%		382,6
China (ca. 14.730 Mrd. USD)	1,12		13.150	2%		263,0
Russland (ca. 1.700 Mrd. USD)	1,12		1.520	2%		30,4

(Quelle: Basisdaten Statista, Rodolfo Di Telo 2021, Berechnung)

Dieses schlichte Zahlengefüge zeigt, welches Potential in uns Europäern steckt, wenn wir uns zusammentun und gemeinsam *unser Geschick in die Hand nehmen*. Wir dürfen uns nicht mehr unseren aktuellen Nationalstaatspolitikern anvertrauen und uns auseinanderdividieren lassen, sondern müssen supranationale Parteien wählen, die das gesamte Europa im Blick haben und nicht nur ihre *nationale Klientel beglücken* wollen um sich persönlich *voranzubringen*.

Eine europäische Verteidigungsstrategie und -armee im Zusammenspiel mit der NATO

Ja, wir brauchen eine eigenständige europäische Sicherheits- und Verteidigungsstrategie, eingebettet in die politisch Vereinigten Staaten von Europa und in strategischer Abstimmung mit der NATO; NATO und europäische Verteidigungsstrategie müssen also *die zwei Seiten derselben (Sicherheits)Medaille sein*.

(Skizze: Rodolfo Di Telo, 2022, Variante NATO-Verteidigungsbündnis)

Wir brauchen demzufolge eine europäische Verteidigungsarmee mit eigener Kommandostruktur und dazu passenden Verteidigungsinstrumenten. Wenn Russland, China sowie natürlich die USA dazu in der Lage sind, sollten wir Europäer dies auch hinbekommen können. Trump hat vorgeführt, was den Europäern passieren kann, wenn die USA „nicht mehr so wollen"; dann müssen wir Europäer die Sicherheitsstrategie „alleine stemmen können".

Schon, weil die USA *nicht bis in alle Ewigkeit unser Schutzherr sein* möchten, sind wir als Europäer verpflichtet diese europäische Verteidigungsstrategie voranzutreiben. Wir müssen uns so stark aufstellen, dass wir uns auch ohne die USA die außereuropäischen *(Un)Geister vom Leib halten können.* Ich weise immer wieder gerne auf das Problem der antiken Griechen hin, die in ihrer Zerstrittenheit die *Gefahr, die damals von Philipp von Makedonien* ausging, nicht erkannten oder erkennen wollten und schließlich unfriedlich in den *korinthischen Bund eingebunden wurden.* Genau diese Vorgehensweise schwebt auch Putin mit ganz Europa vor.

Alternativ können sich einzelne EU-Länder ohne Druck dem VSE-Kerneuropa (FR&DE) militärisch anschließen, aber unter klarer Anerkennung der VSE-Kommandostruktur und -Verteidigungsausgaben; die dem VSE-Verteidigungsbündnis beitretenden europäischen Länder verpflichten sich zur vollständigen Übernahme der militärischen und budgetären VSE-Struktur. Anders funktioniert es nicht. Alle beitretenden Länder müssen sich langfristig (min 20 Jahre) sowohl das entsprechende Verteidigungsbudget, als auch das geforderte Personal (Soldaten) den vereinigten Kräften zur Verfügung zu stellen - ohne Wenn und Aber.

(Skizze: Rodolfo Di Telo, 2022, Variante NATO-Verteidigungsbündnis)

Das Beispiel Afghanistan hat augenfällig gezeigt, welche strategische Schwäche in unseren europäischen Sicherheitsstrategien steckt - sicherlich auch wieder ein Grund, warum sich Putin um uns Europäer *einen feuchten Kehricht schert*. Wir Europäer sind für ihn schlicht *nur wehrlose Statisten*, mit denen er *nach Belieben* umspringen kann. Jetzt, da er *seine wahre (stalinistische) Fratze zeigt*, müssen wir schnellstmöglich umdenken und unsere Sicherheit so gut und schnell wie möglich stärken.

23 Jahre Appeasement-Politik (7 Jahre *Putin-Schröder* („Putin ist ein lupenreiner Demokrat") und 16 Jahre eine *Ölzweig wedelnde Defensiv-Raute*) haben überdeutlich unsere völlig falsche Einstellung gegenüber „Brutal-Diktatoren" aufgezeigt. Wir dürfen nicht (mehr) auf unsere *Ölzweigpolitiker* bauen, sondern müssen den *nationalstaatlichen Sumpf verlassen* und gemeinsam *den europäischen Weg gehen*. Und dazu gehört auch eine global ausgerichtete, europäische Verteidigungsstrategie *mit allem, was sie ausmacht:*

- eine landgestützte Armee
- eine Luftwaffe
- eine maritime Flotte
- eine strategische Weltraumpräsenz

- eine Cyber- und IT-Abwehr

Dies alles eingebunden in eine nukleare Waffentechnik.

Ich bin mir sicher, dass es genügend gut ausgebildete Sicherheitsexperten und Generäle gibt, *die viel von ihrem Handwerk verstehen* und daher eine entsprechende europäische Sicherheitsstrategie aufbauen und umsetzen können.

Ein Kernteam von Militärexperten könnte sicherlich innerhalb kürzester Zeit wirksame Strategien entwickeln, wenn es denn dürfte und *das nötige Kleingeld* bekäme.

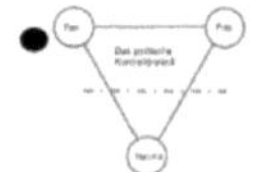

Ein nationaler Sicherheitsrat

Sicherheitspolitische Fragestellungen erfordern das eine oder andere Mal schnelle Entscheidungen, die nicht warten können, bis das gesamte Parlament zusammentritt, um diese Entscheidungen „durchzuwinken". Aus diesem Grund soll ein permanenter nationaler Sicherheitsrat der Regierung beigestellt sein, der, zusammen mit dem Regierungschef sowie ausgewählten Ministern, schnellstmöglich sicherheitspolitische Entscheidungen treffen kann, zum Beispiel bei möglichen Angriffen auf das VSE-Staatsgebiet.

Eine eigenständige europäische Rüstungsindustrie

Zu einer eigenständigen europäischen Verteidigungsstrategie gehört natürlich auch eine eigene europäische Rüstungsindustrie, *die ihren Namen verdient*. Europa, speziell Deutschland und Frankreich, verfügen über Tausende bestens ausgebildeter Techniker und Wissenschaftler, die in der Lage sind hervorragende und modernste Verteidigungstechnik zu entwickeln und umzusetzen, wenn man sie damit von staatlicher Seite beauftragt.

Auch hier gilt wieder: Was nützen uns *zutiefst defensive Denansätze* wie „Schwerter zu Pflugscharen", wenn *die Welt da draußen* (Russland, China etc) *völlig andere, aggressive Vorgehensweisen* (Einschüchterung, Erpressung, massive Einflussnahme etc) verfolgt. Wir Europäer müssen *unseren defensiven, nach innen gerichteten Blick viel mehr nach außen richten.* Wir müssen (gezwungenermaßen leider wieder) umdenken lernen; was nützt uns *unsere (manchmal verlogene) „Gutmenschendenke",* wenn wie auch immer geartete *„Schlechtmenschen" unser wertebasiertes Handeln untergraben wollen.*

Nein, wir Europäer müssen ehrlicher mit uns umgehen und (wieder) erkennen, dass *auch wir nur durchschnittliche Menschen sind, mit all ihrem menschlichen Weh, Ach und Krach.* Wir müssen zugeben lernen, dass wir vieles einfach falsch gesehen und bewertet haben und dass *wir europäische Gutmenschen* uns zum vermeintlichen Vorteil manchmal genauso *unmenschlich handeln* wie all die Putins und Erdogans, die Trumps und Assads.

Gerade das aktuelle Beispiel, nämlich Deutschlands Haltung zu Putins Aggressionen gegenüber der Ukraine, zeigt, wie verlogen unsere ureigene Einstellung ist: Wir fabulieren *von Werten,* während Deutschland die Ukraine im Stich lässt; anstatt *harte Verteidigungsinstrumente(i.e. Waffen)* zu liefern, liefern deutsche Politiker *nur ein paar warme Worte.* Es ist *zum Fremdschämen!* (Sorry, hat sich eben überschnitten!)

Wenn wir das erkennen und wieder pragmatischer die Weltpolitik betrachten, werden auch wir wieder vernünftiger miteinander umgehen.

Zu diesem Umdenken gehört auch der (Wieder)Aufbau einer passenden Rüstungsindustrie, die (so weit als möglich) von anderen Kontinenten und Mächten unabhängig ist, damit wir nicht erpressbar werden und in weiterer Folge unsere (europäische) Unabhängigkeit verlieren.

Auch da ist Europa in vieler Hinsicht gespalten; während Frankreich eine durchaus positive Einstellung zu Sicherheit, Verteidigung sowie Rüstungsindustrie besitzt, ist Deutschland zutiefst defensiv im Denken und Handeln. Alles, was nur im Entfernesten auf so etwas wie „Sicherheit und damit einhergehend Schaffung von Verteidigungsinstrumenten" hindeutet, ist *verachtenswertes Teufelszeug* und wird *mit spitzen Fingern angefasst*; und diese Einstellung wird mittlerweile bis zur Selbstverleugnung zur Schau getragen. Manchmal habe ich das Gefühl, dass sich die deutsche Bevölkerung *mental aufgegeben* hat. So wie viele deutsche Bürger *zu Kaisers und Hitlers Zeiten zu „deutsch dachten" und aggressiv die Welt am deutschen Wesen genesen lassen wollten*, so scheinen mir die Deutschen heutzutage auch wieder *die Welt am deutschen (Defensiv)Wesen heilen* zu wollen. Alles, aber auch wirklich alles, was nur im Geringsten *an Krieg erinnert*, wird missachtet und abgelehnt - auch wenn es nur der eigenen Verteidigung dienen soll.

Das geht dann so weit, dass die deutsche Regierung sich aktuell (Januar 2022) weigert, die Ukraine *mit Waffen zu unterstützen*, wohl wissend, dass der Aggressor Putin gerade 100.000 Soldaten mit Panzern, Flugzeugen und anderem Kriegsgerät an der russisch-ukrainischen Grenze hat auffahren lassen, bereit jederzeit in der (europäischen) Ukraine einzufallen. Das einzige, was Deutschland in dieser Situation tut, ist *die Staatsschatulle zu öffnen* und gönnerhaft Milliarden zu verteilen, u.a. auch an die Ukraine mit ca. zwei Mrd. € (Scholz im ZDF-Interview am 02.02.2022).

Deutschland will nur noch *Vorbild sein (Grüne, Sozen, Kommunisten)* und *die Welt mit den GUTEN DINGEN beglücken*, zum Beispiel *Vorreiter sein* in Klimafragen, in Friedensdingen etc. Deutschland möchte sich *auf eine Friedensinsel der Seligen zurückziehen* und so tun, als ginge es die Welt drum herum nichts an. Dabei ist Deutschland als wirtschaftlich stärkstes Land in Europa geradezu verpflichtet, seinen Beitrag zur eigenen und europäischen Sicherheit zu leisten, aber bitte nicht nur mit Worten oder mit Scheckbuchdiplomatie, sondern auch mit entsprechenden Sicherheitsinstrumenten (Baerbock: „mit Panzern & Raketen"); ich ergänze, mit Kriegsschiffen, Flugzeugen etc.

Für mich *wird es höchste Zeit*, dass Deutschland. *seine (sicherheitspolitische) Mitte findet*. Deutschland muss das ja nicht im Alleingang tun, sondern zusammen mit Frankreich als „harter Kern" der Vereinigten Staaten von Europa. Deutschland ist geradezu verpflichtet seine Industrie entsprechend anzupassen - und auch wieder Sicherheitsinstrumente *ins (industriepolitische) Portfolio zu nehmen*. Jeder in der Welt kann mittlerweile *Autos bauen*; da braucht zukünftig niemand Deutschland, schon gar nicht China oder Russland und genauso wenig die USA.

Was Deutschland (und Europa) aber brauchen, sind IT und Cybersicherheit (Halbleiterfertigung), genauso wie Weltraumverteidigung/Flugzeug- und (Kriegs)Schiffstechnik; also *alles,* was der eigenen Sicherheit dienlich ist wie Baerbocks *Panzer&Raketen*.

Was wir aber nicht brauchen, sind links/kommunistische *Phantasien*, wie SPD-Gabriels *(schräge) Idee* den osteuropäischen Diktatoren wie Kaczynski, Orban, Jansa und Konsorten JÄHRLICH 15-20 Mrd. € *(i.e. 0,5% des deutschen BIPs) „cash"* zu überweisen anstatt die eigene Sicherheit und Rüstungswirtschaft zu unterstützen; auf solche *Ideen* kommen wohl nur völlig „linksverblendete *Atlantiker*", die Deutschland selbst *mental aufgegeben haben*.

Ein europäischer Schutz der Logistikkette

Zur eigenständigen Rüstungsindustrie gehört (auch) eine zuverlässige Versorgung von (strategisch wichtigen) Gütern und Rohstoffen. Funktionierende *(und gut geölte)* Transportwege sind also von unabdingbarer Notwendigkeit; das gilt nicht nur für Sicherheit und Verteidigung, sondern für den gesamten Wirtschaftskreislauf.

Gerade stark industrialisierte Länder wie Deutschland, mit einem hohen Import- und Exportanteil, hängen an zuverlässigen Transporten *wie der Patient am Venentropf*; fällt ein Glied in der Lieferkette aus, bricht die gesamte Herstellungskette zusammen.

Die Corona-Pandemie hat vielen Ländern und Industrien schmerzlich vor Augen geführt, was passieren kann (und passiert ist), als plötzlich die „Just-in-Time"-Transporte ausblieben.

Es fehlte (fast) an allem, aber zuvörderst an den kleinsten Bauteilen, den Halbleiterchips. Europa mit seiner ausgeprägten Fertigindustrie *sah (sprichwörtlich) plötzlich alt aus*, weil es zum Beispiel Engpässe bei der Autofertigung gegeben hat und daher bereits bestellte Autos in hohem Maße nicht geliefert werden konnten. Der damit einhergehende verlorene Gesamtumsatz hat sogar das deutsche Bruttoinlandsprodukt erheblich (negativ) beeinflusst; fast alle Wirtschaftsindikatoren zeigten 2020 und 2021 nach unten anstatt nach oben.

Die stark eingeschränkten Lieferketten haben zudem aufgezeigt, dass „Global Sourcing" doch *nicht der Weisheit letzter Schluss ist*, sondern gerade das rohstoffabhängige Europa da erheblich umdenken und wieder mehr *europäisch produzieren* muss, höhere Liefer-und Bereitstellungskosten hin oder her.

Strategisch kommt noch der (physische) Schutz der Handelswege hinzu; Europa (hier vor allem Deutschland) braucht eine starke eigene maritime Verteidigungsflotte, die in der Lage ist, Seewege zu schützen und Blockaden durch andere Mächte abzuwenden.

Ganz aktuell haben deutsche Werften Auslastungs- und Auftragsprobleme; eine zuvor an eine malaysische Firma verkaufte Werft hat gerade Insolvenz angemeldet und muss Werftarbeiter entlassen. Früher haben genau diese Mitarbeiter Fregatten und andere Kriegsschiffe gebaut.

Warum müssen die Werftarbeiter *unbedingt* Kreuzfahrtschiffe bauen und nicht wieder Fregatten und Zerstörer, um unsere

Handelsschiffe und die unserer EU-Mitgliedsländer besser schützen zu können? Die Bundesregierung soll Hunderte Millionen Euro zur Sanierung eines malaysischen Besitzers in die Hand nehmen, aber gleichzeitig hat Deutschland eine veraltete und sanierungsbedürftige Marine. Es ist einfach unfassbar, mit welcher *Dummdreistigkeit* unsere Regierungen uns Unsinn einträufeln wollen.

Als weiteres Beispiel verdeutlicht die Automobilindustrie *die enge industrielle Ausrichtung* in Deutschland. *Deutsche Wertarbeit* ist zwar weltweit gefragt, aber leider blieb von der ehemaligen industriellen Vielfalt im Wesentlichen nur die Automobilindustrie übrig. Dieser nun beinahe einzige Industriezweig ist extrem exportorientiert und beschränkt sich zu fast 50% auf die Ausfuhr von Autos nach China. Und diese einseitige Exportorientierung nutzt jetzt China immer wieder um Deutschland zu erpressen.

4.3 VSE AUSSENBEZIEHUNGEN

Auch mit den Außenbeziehungen hat die EU so *ihre liebe Not*; es gibt zwar den gemeinsamen EU-Außenbeauftragten (derzeit Herr Borrell), aber der gute Herr hat *so viel zu sagen* (eher zu „meinen") wie seine derzeitige Chefin, Frau von der Leyen, nämlich so gut wie gar nichts. Beide Posten repräsentieren in gewisser Weise *Könige ohne Land*, weil sowohl die Außenbeziehungen wie auch Sicherheit und Verteidigung, strikte nationale Aufgaben sind, deren Wahrnehmung sich kein Land der EU nehmen lassen will.

Und so reist der *König ohne Land* durch die Länder und macht dabei *eine so armselige Figur*, dass dies manchmal schon *Mitleid bei den Europäern hervorruft.* So vor kurzem geschehen, als *das Brexit-England* seinem EU-Botschafter nicht die Akkreditierung erteilen, sondern lediglich diplomatische Beziehungen mit den einzelnen Nationalstaaten unterhalten wollte.

In dieser Hinsicht wird der VSE-Außenminister eine völlig andere, herausgehobene Position innehaben, vergleichbar mit der des US-Außenministers. Da spielt natürlich die sicherheits- und wirtschaftspolitische Größe eine wichtige Rolle. Bereits das „Rumpf- Kerneuropa" bestehend aus Deutschland und Frankreich würde diesbezüglich eine viel bedeutendere Rolle spielen als der jetzige Außenbeauftragte der gesamten EU.

Das VSE-Außenministerium wird wie das VSE-Verteidigungsministerium zu 100 Prozent von der VSE-Bundesregierung abgedeckt; die VSE-Bundesländer bleiben *vollständig außen vor.*

Die Außenbeziehungen als Verwaltungsorgan müssten von Anfang an straffer geordnet und strukturiert werden als bisher, unterhalten doch derzeit fast alle mittelgroßen EU-Länder *in der ganzen Welt* ihre eigenen Botschaften und Konsulate. Ohne die finanzielle Seite allzu sehr zu betonen, muss doch festgestellt werden, dass an dieser Stelle ein (sehr) hohes Optimierungspotential besteht, da einerseits Botschaften und

Konsulate zusammengelegt und andererseits die inneren Abläufe insgesamt gestrafft werden können. Andererseits könnten die einen oder anderen *Vertretungsdoppelungen* dazu genutzt werden sich durch Konsulate breiter aufzustellen. Hier kann man die USA als Beispiel aufführen: Sie sind fast in jeder größeren Stadt mit einem kleineren oder größeren Konsulat vertreten.

Auf der anderen Seite könnten die Botschaften ergänzende Aufgaben übernehmen, die die einzelnen EU-Nationen so nicht abdecken können; ich denke da zum Beispiel an die üblichen Staatsaufgaben wie eine vertiefte Geheimdiensttätigkeit, supranationale Aufgaben wie Maßnahmen zum Klimaschutz, Wirtschafts- und Entwicklungshilfebeziehungen, etc; des Weiteren Aufgaben in globalen Organisationen wie die UN, WHO, etc.

4.4 WIRTSCHAFT UND INFRASTRUKTUR

Wirtschafts- und Infrastrukturkompetenzen müssen nach einem politisch definierten Schlüssel zwischen der Bundesebene und der Nationen-/Regionenebene sinnvoll aufgeteilt werden.

Ich denke, da gibt es genügend Experten, die für eine diesbezügliche Zuordnung sorgen können. Es soll ja der Grundsatz gelten: so viele Bundesaufgaben wie nötig und so viele föderale Befugnisse wie möglich.

Gerade im Bereich der Infrastruktur und Logistik müssen klare Zuordnungen geschaffen werden, damit sie *möglichst reibungslos* umgesetzt werden können. Ich weiß, dass dies nicht immer einfach ist, jedoch sollten *föderalistische Einschränkungen und Blockaden* im Sinne einer gesamteuropäischen Zukunft vermieden werden. Ich denke hier an sich oftmals ausschließende Regelungen wie:

- Straßen-/Bahnbau versus Natur-/Umweltschutz
- Öffentliches Interesse versus privater Forderungen

Hier sollten gewisse politische Prioritäten und Rangfolgen Orientierung geben können, damit umständliche und zeitverzögernde Projekte vermieden werden. *Zeit ist Geld* sollte sicherlich auch als Maxime Berücksichtigung finden.

4.5 ENERGIE UND KLIMA

Auch auf diesen Feldern sollten klare Zuordnungen und Prioritäten die Planungen und Realisierungen erleichtern und beschleunigen helfen

So sollte grundsätzlich geregelt werden, welche Gesetzesvorlagen Vorrang haben und welche nachrangig sind. Gerade bei Fragen zu klimaschonenden Maßnahmen sollte sorgfältig gegenüber Fragen zur Energiesicherheit abgewogen werden; das gleiche gilt für Fragen zum Naturschutz. Tagesaktuelle Proteste und Blockaden verschiedenster Gruppen zeigen immer wieder diese Problematik auf.

Da haben die deutschen Grünen Jahrzehnte lang gegen die Atomkraft demonstriert und müssen jetzt die europäische Taxonomie, Kernkraft als *grüne Technologie,* akzeptieren; welch ein Hohn! Es hat etwas von einem Schmierentheater, zeigt aber wieder einmal, dass *ideologisches Denken* keinen Platz in der Regierungsverantwortung haben darf.

Bei supranationalen Projekten sollten also supranationale Überlegungen Vorrang haben vor nationalen Egoismen. Juristische Eingriffsmöglichkeiten (z.B. Enteignungen) sollten daher grundsätzlich verfassungsrechtlich verankert sein, um supranationale Projekte nicht unzulässig lange verzögern oder gar zu Fall bringen zu können.

Beispiele, vor allem aus Deutschland, zeigen oftmals überdeutlich, was passiert bzw. nicht passiert, wenn *zu viele (Föderalitis)Köche* wichtige Projekte *zerreden* und letztendlich zu Fall bringen. Vorrangige Klima- und Energieprojekte wie der Bau von Windkraftwerken zeigen, dass ein Zuviel an Föderalismus

notwendige Realisierungen um Jahre, gar Jahrzehnte, zurück-
werfen oder im schlimmsten Fall verhindern kann; das gilt auch
für den geplanten Bau der notwendigen Stromtrassen.

Das darf nicht sein und sollte vermieden werden.

Meines Erachtens müsste die Klima- und Energiepolitik in hohem Maße zentral vorgegeben werden; diverse Umsetzungen
sollten daraufhin in den Regionen erfolgen. Gerade Deutschland führt überdeutlich vor Augen, dass Energieerzeugung und
-verteilung gesamtstaatlich geregelt werden muss.

Auch hier bin ich überzeugt, dass wir exzellente Juristen und
Fachleute haben, die die passenden Gesetze und Regelungen
vorgeben können.

5.0 DAS ERSTE KERNEUROPA DER VSE

„Offenbar muss Europa immer erst in den Zustand äußerster Gefahr geraten, ehe es sich entschließt, das zu tun, was notwendig ist, um am Leben zu bleiben"
(Peter Bamm 1897-1975, Schiffsarzt, Journalist, Schriftsteller)

Die Realität führt immer wieder vor Augen, dass *oftmals große Dinge* im Kleinen beginnen, seien es die vielen bekannten Unternehmensgründungen wie seinerzeit IKEA, McDonalds oder aktuelle wie Microsoft oder Facebook. Sie alle eint, dass sie ganz klein begonnen haben, aber *getrieben waren von einer großen Idee* und dem festen Willen der Gründer, *Großes* zu erreichen.

Auch die EU der heutigen 27 *ist nicht vom Himmel gefallen*, sondern hat sich über Jahrzehnte zur heutigen Größe entwickelt. Ohne jetzt die ganze Entwicklungsgeschichte nochmals *Revue passieren zu lassen*, möchte ich festhalten, dass es anfänglich gerade mal sechs Länder waren, die sich zur damaligen Montanunion zusammenfanden. Die EU hat dabei *zahlreiche Irrungen und Wirrungen* durchlaufen, *viele grobe Webfehler* sind heute noch zu erkennen und meiner Meinung nach den ausgeprägten nationalen Denkstrukturen des 20. Jh. geschuldet.

Die EU der 27 in der jetzigen Form ist für mein Dafürhalten auch nicht reformierbar; in den beiden vorangestellten Büchern habe ich mich intensiv mit dieser Thematik auseinandergesetzt und ein anderes Ziel formuliert- die Gründung der Vereinigten Staaten von Europa (VSE). Diese Zieldefinition will ich aber *nicht auf meine Fahnen schreiben*, sie ist *eigentlich uralt*, aber immer an der *europäischen Staateritis* gescheitert, dieser übertrieben nationalstaatlichen Denke.

Aber die Idee der Vereinigten Staaten von Europa wird *eine eitle Seifenblase* bleiben, wenn man glaubt, alle Länder der EU der 27 gleichzeitig in eine politische Union überführen zu können. Das wird nicht funktionieren, sodass ich den Weg eines ersten VSE-Kerneuropas priorisiere.

Auch diese Idee ist nicht neu, aber sie wurde bis zum heutigen Datum leider nicht umgesetzt. Der Widerstand der Nationalstaaten, genauer der Nationalstaatsparteien und deren Nationalstaatspolitiker, ist zu groß.

Aus diesem Grund glaube ich nur den Weg mittels supranationaler Parteien, unterstützt von supranationalen Medien, gehen zu können; in meinem Buch „Mehr Europa wagen - Der Weg" bin ich verstärkt darauf eingegangen; der geneigte Leser kann dort gerne nachlesen, dass ich ein großer Verfechter davon bin, dass das erste Kerneuropa aus den beiden zentralen Staaten Deutschland und Frankreich entstehen muss. Diese beiden Länder sind *die Motoren der heutigen EU*, ohne sie *läuft nichts im EU-Getriebe*; ist *der Motor gut geölt und abgestimmt*, geht's voran mit der EU, ist aber *Sand im Getriebe, stottert er*.

Frankreich und Deutschland müssten also als erste zu einer politischen Vereinigung zusammenfinden. Nun ist es leider so, dass beide Länder von völlig unterschiedlichen Denk- und Lebensweisen hinsichtlich ihres Geschichts-, Demokratie- und finanzpolitischen Verständnisses geprägt sind. Ich habe das mit den extremen Ausschlägen des europolitischen Pendels umschrieben.

Und lediglich eine gemeinsame Lösung dieses *Pendelproblems* in den beiden o.g. Staaten wird meines Erachtens zum Kerneuropa der Vereinigten Staaten von Europa führen. Nur die gemeinsame Mitte (die „stabile Mittellage") des politischen Pendels wird eine (politische) *Befriedung* in den beiden Staaten erzeugen.

In Kapitel 3.4, Die Mitte des (europapolitischen) Pendels bin ich bereits sehr detailliert auf die Fragestellung selbst, beziehungsweise auf eine mögliche Lösung eingegangen, nämlich eine gewisse Neuordnung der länderspezifischen politischen Strukturen.

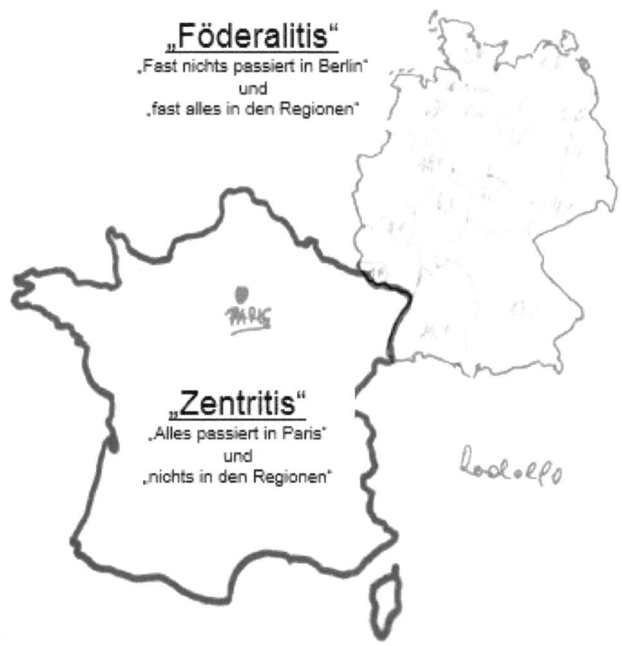

(Skizze: Rodolfo Di Telo, 2022, DE & FR politischer Zustand)

So sollte das extrem zergliederte Deutschland von 16 Bundesländer auf vier föderale Länder konzentriert werden, während
aus dem zentralistisch organisierten Frankreich drei (3) föderale Regionen werden würden. Alle sieben neuen Regionen
würden in weiterer Folge mittels nationaler Absprachen die
gleichen föderalen Aufgaben übernehmen. Die übergeordnete
Bundesregierung würde sich in einem ersten Schritt als ein politischer Zusammenschluss zu den Vereinigten (Kern-)Staaten
von Europa verstehen.

Als optimale Grundgröße für eine Region könnte sich eine Be-
völkerungszahl von ca. 20-25 Mio. Einwohnern herauskristalli-
sieren, da, wie in Kap. 3.4 gezeigt, eine Lücke in der Bevölkerungsgröße der Nationen von ca. 20-40 Mio. Einwohnern vor-
handen ist.

Bevölkerungsstruktur der Europäischen Union der 27 Länder								
Quelle:	Statista 2020							
erstellt:	Rodolfo	27.12.2021						
	Bevölkerung	Zuordnung der Bevölkerung in Mio. nach Größe						
	Mio.	bis 1	1-5	5-10	10-20	20-40	über 40	Summe
Deutschland	83,2						83,2	
Frankreich	67,2						67,2	
Italien	60,3						60,3	
Spanien	47,3						47,3	
Polen	*37,9*						*37,9*	
Rumänien	19,3				19,3			
Holland	17,4				17,4			
Belgien	11,5				11,5			
Griechenland	10,7				10,7			
Tschechien	10,7				10,7			
Schweden	10,3				10,3			
Portugal	10,3				10,3			
Ungarn	9,8			9,8				
Österreich	8,9			8,9				
Bulgarien	7,0			7,0				
Dänemark	5,8			5,8				
Finnland	5,5			5,5				
Slowakei	5,5			5,5				
Irland	5,0			5,0				
Kroatien	4,1		4,1					
Litauen	2,8		2,8					
Slowenien	2,1		2,1					
Lettland	1,9		1,9					
Estland	1,3		1,3					
Zypern	0,9	0,9						
Luxemburg	0,6	0,6						
Malta	0,5	0,5						
Einwohner EU gesamt		2,0	12,2	47,5	90,2	0,0	295,9	447,8
		151,9					295,9	*447,8*
		33,9%					66,1%	100,0%

Optimale Region bei ca. 20-25 Mio. Einwohnern

→ ca. 22-25 Regionen bei 450 bis 500 Mio. Einwohnern

(Quelle: Statista, Diagramm Rodolfo Di Telo, Optimale Größe einer Region)

Nach dieser Struktur würden sich letztlich ca. 22-25 Regionen in der heutigen EU zusammenführen lassen; größere Länder wie Deutschland und Frankreich bilden Regionen unter sich, kleinere Länder verbinden sich zu größeren Regionsverbänden. Auch darüber habe ich in Kap. 3.4 bereits detailliert berichtet.

Diese wichtige Regionalstruktur innerhalb der Nationenkammer (oder Länderkammer) könnte das Fundament für die zukünftigen Vereinigten Staaten von Europa (VSE)bilden, weil sie ein Gleichgewicht zwischen den momentan sehr zentralen

Strukturen in den aktuellen Ländern und den (zu) föderalen Strukturen schaffen würde.

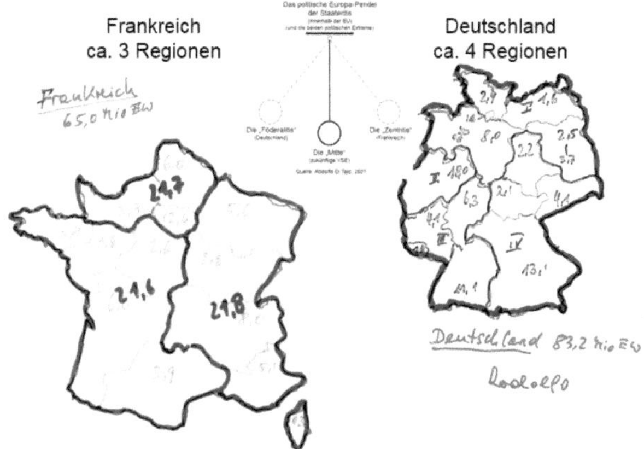

(Skizze: Rodolfo Di Telo, 2021, DE & FR, die politische Mitte)

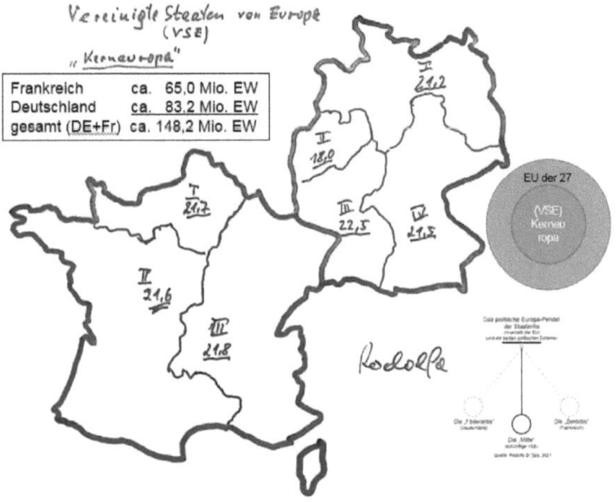

(Skizze: Rodolfo Di Telo, 2021, 7 Regionen im vereinten DE & FR)

Die zentralen Verfassungsorgane „VSE-Bundespräsident" sowie das „VSE-Parlament" wären ohnehin zentral organisiert und würden direkt gewählt.

Die folgende Skizze zeigt die Einbettung Kerneuropas (DE und FR) in die EU:

(Skizze: Rodolfo Di Telo 2022, Kerneuropa DE & FR innerhalb EU)

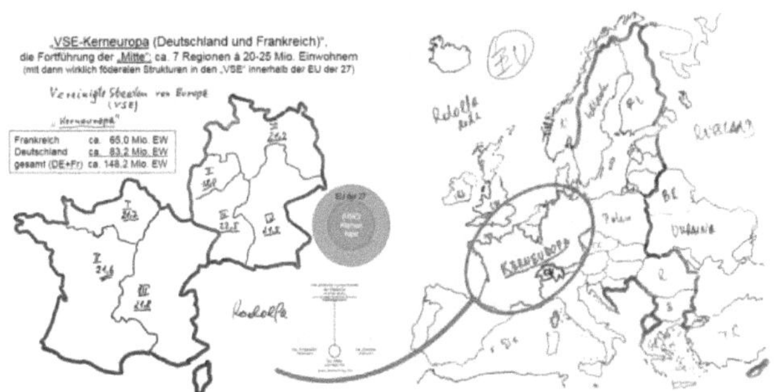

(Skizze: Rodolfo Di Telo 2022, Kerneuropa DE & FR im EU-Umfeld)

6.0. REGIERUNGSSITZ UND HAUPTSTADT

„Ein Land ohne Hauptstadt ist wie ein Gulasch ohne Saft"
(Siegfried Ludwig 1926-2013, österreichischer Politiker)

Frankreich und Deutschland stehen natürlich vor einer weiteren Entscheidung:

- Regierungssitz und
- Bundeshauptstadt

für das zukünftige Kerneuropa.

Da sowohl Frankreich als auch Deutschland selbstbewusste Nationalstaaten sind, kann ich mir nicht vorstellen, dass das eine Land zugunsten des anderen auf Regierungssitz und Bundeshauptstadt verzichten würde. Schaut man sich die Landkarte an, so erkennt man sofort, dass die beiden Hauptstädte Paris und Berlin als gemeinsame VSE-Hauptstädte keine gute geografische Lage hätten: Der Abstand der einen Hauptstadt zum jeweiligen *letzten Zipfel* des anderen Landes wäre unverhältnismäßig groß und für eine modernes Staatengebilde nicht mehr zeitgemäß.

Es gibt aber mittlerweile Beispiele, dass es auch *anders gehen* kann, z.B. durch die Trennung von Regierungssitz und Hauptstadt. In vielen Ländern ist dies Usus und hat sich bewährt wie in der Schweiz. Hauptstadt ist Zürich, die größte Stadt der Schweiz, aber der Sitz der Regierung ist in Bern, eine viel kleinere Stadt im Westen *am Röstigraben*, der gedachten Trennungslinie zwischen Deutschschweizern und der französischen Schweiz (der Romandie). *So geht Ausgleich/Gewaltenteilung*, könnte man sagen.

Denkbar wäre Paris als Regierungssitz und Berlin als Bundeshauptstadt oder vice versa Berlin als Regierungssitz und Paris als Bundeshauptstadt. Für beide Lösungen gäbe es schlüssige Argumente; beide wären umsetzbar, wollten die beiden Länder Deutschland und Frankreich die alleinigen VSE-Länder bleiben.

Ein gravierender Nachteil dieser Variante wäre allerdings, dass Regierungssitz und Hauptstadt (sehr) weit auseinander lägen, weil beide Städte selbst eine "außermittige Lage" in ihren Ländern innehaben, was sicherlich zu verwaltungstechnischen Schwierigkeiten und kostenintensiven Reisen führen würde.

Ein (oder zwei) neue Standorte

Eine weitere Möglichkeit wird gerade in Indonesien angedacht - die Verlagerung der kompletten Hauptstadt einschließlich Regierungssitz von jetzt Java (Djakarta) nach Borneo. Ganz ähnlich hat dies einst schon Brasilien mit der Gründung der Hauptstadt Brasilia vorgemacht. Für Deutschland und Frankreich wäre das wahrscheinlich eine *unlösbare Aufgabe*, ließe sich doch eine Hauptstadt für beide Länder politisch vermutlich nicht durchsetzen.

Eine politisch sinnvolle Alternative wäre die Suche nach zwei neuen Standorten in zentraler Lage von Frankreich und Deutschland. Dies würde zusätzlich für das Paris Frankreichs *die zentristische Vorherrschaft* begrenzen helfen. Als zentrale Orte würden sich Städte im Rheingraben anbieten, weil sie nahe der deutschfranzösischen Grenze und *ausgesprochen mittig* in Europa liegen.

Der Rheingraben, dieses geographisch zentrale Becken, wäre für die zukünftige Erweiterung der VSE in alle europäischen Richtungen ideal.

Die genauen Standorte im Rheingraben sind sicherlich noch zu diskutieren. Da sollten sich politische Kenner einigen. Allerdings sollten schon vorab Kriterien für die optimale politische Lösung erstellt werden wie zum Beispiel:

- Größe, Lage, Bedeutung
- Infrastruktur (internationaler Flughafen, Bahn, Autobahn etc)
- Wirtschaftliches Umfeld
- Internationalität

- Kulturelle Angebote

Schließlich sollen die beiden ausgewählten Städte auch die Haupt- und Regierungssitze im Laufe der Erweiterung der Vereinigten (VSE) Staaten bleiben. Da muss Platz für zukünftige bauliche Erweiterungsmaßnahmen gegeben sein.

Straßburg und Frankfurt

Meines Erachtens würden sich die beiden zentralen Rhein-Städte <u>Straßburg</u> und <u>Frankfurt</u> als ideale zukünftige Hauptstadt sowie als Regierungssitz für die VSE anbieten. Beide haben ideale Verkehrsanbindungen zu allen europäischen und außereuropäischen Hauptstädten.

Die EU und Brüssel

Die derzeitige EU-Hauptstadt Brüssel soll und kann bleiben, solange es die EU gibt. Fakt ist ja, dass das VSE-Kerneuropa ein politischer Teil der EU bleiben soll, solange die EU in ihrer jetzigen Form von der überwiegenden Zahl der nationalen Länder als politische Plattform gewollt und gewünscht ist.

Ich kann mir aber vorstellen, dass es der EU so ergehen wird wie seinerzeit dem römischen Reich deutscher Nation: Die Verwaltung der Vielstaaterei kostete enorme politische Kraft angesichts der ständigen Einflussnahme und Machtansprüche, sowohl seitens der Könige und Fürsten innerhalb des Reiches, als auch durch Mächte außerhalb des Reichs wie Frankreich, England etc. Nur so nebenbei, die Stadt Frankfurt war bis zum Ende des Kaiserreichs die Krönungsstadt der deutschen Kaiser.

Das Reich *atmete den Odem aus*, als der Habsburger Kaiser 1806 durch Druck Napoleons als deutscher Kaiser abdanken musste und fortan nur noch als österreichischer Kaiser weiter regierte. Ähnlich kann ich mir es auch mit der EU vorstellen.

In einer langen Übergangsphase könnten die heutigen EU-Staaten sukzessive in die VSE zu den vorgenannten Bedingungen gemäß Kapitel 3.5, Eintritt und Austritt eintreten. So könnte eine allmähliche Umverteilung der Machtverhältnisse von der EU zu den VSE stattfinden, bis schließlich alle EU-Länder wieder in den VSE vereint wären. Wie bereits des Öfteren festgehalten, sollten sich die VSE dabei viel Zeit lassen. Nur zur Erinnerung: die USA brauchten fast 250 Jahre bis zur jetzigen Größe und Ausdehnung.

Gleichzeitig könnten sowohl Paris als auch Berlin *die nationalen Hauptstädte bleiben* - für nationalpolitische Aktivitäten in den beiden Ländern. Es wird ja in den jeweiligen *Vereinigten Staaten* immer noch *viel National-/Regional-Politik betrieben* werden müssen. Die VSE sollen ja föderale Staaten sein und bleiben.

7.0. DIE VSE-SPRACHE UND DIE BILDUNG

„Wer auf andere Leute wirken will, der muss erst einmal in ihrer Sprache mit ihnen reden"
(Kurt Tucholsky, 1890-1935, Journalist, Schriftsteller)

„Es gibt nur eins, was auf Dauer teurer ist als Bildung, keine Bildung"
(John F. Kennedy (1917-1963, US President)

Jeder wird sofort die gemeinsame Sprache ins Feld führen - aber nicht, um die VSE stärken zu wollen, sondern um ganz schnell *einen Spaltkeil* in die Diskussion zu treiben. Denn nichts wird den europäischen Nationalstaatspolitikern so schnell über die Lippen kommen, als *gefühlt 1.000 Argumente zu finden*, warum *die Vereinigten Staaten von Europa nicht funktionieren* werden. Und da steht die (jeweilige Natio-nal)Sprache ganz weit oben. Ich schätze Martin Luther, aber mit seiner Bibelübersetzung ins Deutsche war er in gewisser Weise der Wegbereiter *für die babylonische europäische Spra-chenverwirrung.* Er hat es gut gemeint, aber die Fürsten und Könige haben es *wieder „verbockt"*, egomanisch und herrsch-süchtig wie sie waren. Bis ins 16. Jhd. hinein war nämlich La-tein die allgemein akzeptierte europäische Hochsprache; mit Luthers Übersetzung zerfiel der Zwang zur Einheitlichkeit.

Naja, jetzt haben wir *den Sprachensalat* - was tun?

Auch da sehe ich wieder das Kerneuropa aus Frankreich und Deutschland *als Speerspitze* für die künftigen Vereinigten Staaten von Europa.

Und ich sehe als (sehr) gutes Beispiel ein kleines Nachbarland ganz weit vorne stehen. Liebe Europäer, Sie erraten natürlich sofort, welches Land ich meine, die Schweiz! In der Schweiz werden vier (4) Sprachen gleichwertig nebeneinander gestellt geschrieben und gesprochen!

Warum sollte es also Frankreich und Deutschland nicht gelin-gen, dass beide Sprachen, Deutsch wie Französisch, gleichwertig in den Schulen unterrichtet werden? Warum sollten Kinder nicht zwei Muttersprachen lernen? Ich sehe kein wie auch immer geartetes Hindernis, das dem im Wege stehen könnte.

Es gibt jetzt schon viele Schulen, an denen ein bilingualer Unterricht angeboten wird. Warum also nicht flächendeckend? Über die Tiefe und die Qualität kann man ja diskutieren, aber das grundsätzliche schulische Sprachangebot sollte gegeben sein, ohne dass *die Kinder überfordert werden*. Je mehr Sprachen Kinder beherrschen, umso leichter können sie später das Leben meistern. Ich sehe also nur Vorteile und keine Nachteile - und es fördert das Zusammenwachsen auf natürliche Art und Weise.

Die gemeinsamen Sprachen sind:
- Französisch und
- Deutsch

Die Sprachausbildung soll also ausgehend von den Kindergärten bis in alle Verwaltungsebenen hinein auf Deutsch und auf Französisch erfolgen, wobei - je nach Anforderung - unterschiedliche Sprachniveaus zum Tragen kämen.

Ein Facharbeiter, der vorwiegend regional tätig ist, wird sicherlich nicht beide Sprachen gleich gut sprechen und schreiben müssen. Gleichwohl stünde natürlich jedem Arbeitssuchenden aufgrund seiner Sprachkenntnisse ein ungleich größeres geografisches Gebiet zur Ausübung seines jeweiligen Berufes zur Verfügung. Das wäre ein großer Vorteil für alle - für die Menschen selbst, aber auch für die Vereinigten Staaten von Europa.

Gerade Frankreich mit den vielen Überseegebieten böte für viele Europäer *eine passende Möglichkeit die Welt zu entdecken*, ohne seinem Land (den VSE) für immer den Rücken kehren zu müssen. Zudem gibt es viele außereuropäische Regionen, in denen Französisch als erste Fremdsprache gesprochen wird oder sogar Landessprache ist. Ich denke hier besonders an viele Regionen in Afrika, aber auch in Ostasien.

Die Sprache in den oberen Verwaltungsebenen der VSE

Sicherlich wird mir jeder zustimmen, dass für diesen Bereich
ALLE Beamten, Angestellten sowie ALLE Politiker beide Sprachen in (sehr) hoher Qualität werden beherrschen müssen, und
zwar sowohl schriftlich als auch mündlich.

Das klingt jetzt *etwas ambitioniert* und ist es auch in gewisser
Weise, aber wenn alle Bürger von Kind auf beide Sprachen lernen, wird es auch funktionieren.

Naja, seien wir ehrlich, bis es zum gemeinsamen deutsch-fran-
zösischem Kerneuropa kommt, *ziehen mindestens noch ein bis
zwei Generationen ins Land* demzufolge bleibt den Bürgern
beider Länder noch viel Zeit, sich erstens aneinander zu ge-
wöhnen und sich zweitens auf beide Sprachen einzustellen.
Und mit der Gewöhnungsphase wird letztlich auch eine gewisse Vergleichmäßigung der Sprachen stattfinden.

Vermutlich werden *die nationalen Beharrungskräfte* leider *viele
Knüppel zwischen die Beine werfen*, damit das Projekt VSE-
Kerneuropa scheitert oder sich zumindest in die Länge zieht.

In einem ersten Schritt müssten sich zügig supranationale Parteien bilden, die den gesamteuropäischen Gedanken leben
und politisch vertreten, bevor sich die Kerneuropa-Ideen in die
Nähe der Umsetzung bewegen könnten; da bin ich ziemlich re-
alistisch.

Aber das ist auch gar nicht so wichtig; viel entscheidender
scheint mir, dass wir alle ein gemeinsames Ziel verfolgen, einen roten Faden haben, an dem wir uns entlanghangeln können.

Mit diesem Ziel vor Augen fällt das Sprachen lernen leichter,
denn es dient ja maßgeblich dem besseren Austausch mit dem
europäischen Gegenüber.

Universität und Wissenschaft

Mit unserem Gesamtziel definieren sich automatisch auch die Unterziele, wie z.B. auch die Themen „universitäre Ausbildung und Wissenschaft".

Wir wissen, wohin wir wollen! Und das impliziert länderübergreifendes Studium über nationale Grenzen hinweg, weil das VSE-Kerneuropa keine inneren Grenzen mehr kennt.

8.0. MEDIEN, DIE VIERTE MACHT

„Die Massenmedien unserer Zeit bieten dem aufmerksamen Beobachter immerhin eine Chance, die Lüge von gestern mit der Lüge von heute vergleichen zu können."
(Erich Limpach, 1899 - 1965, deutscher Dichter, Schriftsteller und Aphoristiker)

Mein Faible für die Medien als die vierte Macht im Staat ist offensichtlich; diesbezüglich habe ich mein Credo vielleicht schon zu oft wiederholt und Sie damit gelangweilt. Nichtsdestotrotz möchte ich Ihnen gerne meine Ideen hierzu mit Bezug zu den Vereinigten Staaten von Europa vorstellen.

Grundsätzlich sind unabhängige Medien ja nicht neu, sondern bereits in einigen europäischen Ländern staatsrechtlich verankert; ich denke hier an die englische BBC oder an die deutschen Sendergruppen ARD/ZDF. Diese Sendergruppen besitzen Staatsverträge, die ihre Unabhängigkeit garantieren, sie aber auch zu definierten „Sendeaufträgen" verpflichten.

Allerdings sind diese Sender nicht allzu häufig anzutreffen, weil Regierungen ungern von *den Medien* kontrolliert werden wollen; viel lieber haben Regierungen staatsnahe Medien, die ihnen nicht zu sehr *auf die (Regierungs)Finger schauen* und die sie für ihre politischen Zwecke gebrauchen/missbrauchen können.

Gerade wieder versucht die englische Regierung (momentan die Tories) wieder einmal die BBC *zurechtzustutzen*. Ob dies der Regierung gelingen wird, bleibt abzuwarten; Premierminister Boris Johnson *steht aktuell schwer unter politischem Beschuss* und es ist nicht sicher, ob ihm *seine Ränkespiele nicht zeitnah zum Verhängnis werden*. Das ist jetzt aber kein weiteres Wort mehr wert.

Sehr häufig anzutreffen sind privatrechtliche Sendegruppen, die meist als Aktiengesellschaften marktorientiert ihr Sendeangebot unterbreiten. Oft gibt es darunter finanzstarke Einzelpersonen oder kleine Gruppen von *Medienmoguln*, die Länder- und Kontinente übergreifend Medienanstalten betreiben, so z.B. der australische Staatsbürger Rupert Murdoch, der (fast) auf der ganzen Welt seine *Medienprogramme* ausstrahlt und Printmedien verkauft, unter anderem in den USA als Foxnews oder in Großbritannien mit der Tageszeitung „Sun".

Öffentlich rechtliche Medien (ÖRM)

„Jedes Ding hat zwei Seiten", sagt ein Sprichwort, und das gilt auch für die Medien. Egal, ob es sich um Staatsmedien, privat geführte Medien oder um öffentlich rechtliche Medien handelt. Alle haben ihre Vor- und Nachteile, alle haben Vorzüge, aber auch intrinsische Schwächen. Kein Mediensystem ist *der klassische Goldstandard*.

Einen nicht zu unterschätzenden Vorteil haben aber die öffentlich rechtlichen Medien (ÖRM), sie sind durch einen Staatsvertrag geschützt, sodass weder *der Staat* selbst noch die privaten Unternehmer direkten Einfluss auf diese Medienanstalten nehmen können. Ein Staatsvertrag hat praktisch Verfassungsrang, der politische Unabhängigkeit gewährleistet. Dies wäre natürlich *der Goldstandard*, hätten öffentlich rechtliche Medien nicht doch auch ihre Tücken.

ÖRM haben natürlich diverse Kontrollsysteme, wie einen Senderrat oder verpflichtende Sendeaufträge, aber überall arbeiten und führen Menschen und so entstehen natürlich oft schwerfällige Verwaltungsstrukturen, die ein mehr oder minder *starkes Eigenleben zu führen* beginnen, auf das qua Staatsvertrag wenig äußerer Einfluss möglich ist. In Deutschland wird gerade wieder an einem neuen Medienstaatsvertrag für ARD/ZDF *gebastelt*, und schon gehen diverse *politische Influencer in Stellung*, um den Staatsvertrag zu ihren Gunsten zu drehen.

So wird ganz aktuell seitens des Ministerpräsidenten von Sachsen-Anhalt, Herrn Haseloff, vorgeschlagen, „Das Erste"-Programm von ARD zu streichen *um Kosten zu sparen* und stattdessen die Ländersender auszubauen, also mehr (provinzielle)

Regionalisierung, statt ausgewogener Bundes- und Auslands-
berichterstattung, mehr „Hofberichte nach Landesfürstenart"
statt gesamtstaatliche, europäische oder globale Information.

Natürlich muss ein Medienstaatsvertrag dann und wann den
aktuellen Wünschen und Gegebenheiten entsprechend modifi-
ziert werden, aber er sollte *zukunftsorientiert* und nicht politisch
in den Rückspiegel blickend angepasst werden, *vorwärts in die
(länderfürstliche) Vergangenheit* sozusagen.

Im konkreten Fall der ARD/ZDF-Medienanstalten sollte man
darüber nachdenken, die regionalen Sendeanstalten von derzeit neun auf vier zu konzentrieren. Vier regionale Sendeanstalten reichen für die derzeitige Bundesrepublik völlig aus, um
den regional geforderten Sendeauftrag vollständig erfüllen zu
können. Das folgende Digramm zeigt die mögliche Zusammen-
führung der momentan neun Sender auf lediglich vier.

Aber zwei überregionale Sender, „Das Erste" sowie ZDF MÜS-
SEN sein, um eine ausreichende und bundesweite Berichterstattung sowie fundierte Europa- und Weltdokumentationen zu
gewährleisten.

Die Konzentration entspräche damit praktisch den vier neuen
deutschen Regionen, die im Zusammenhang mit der Gründung
des VSE-Kerneuropas bestehend aus Deutschland und Frankreich entstehen würden. Welch ein Gewinn!

(Skizze: Rodolfo Di Telo 2021, die vier deutschen Regionen)

ARD Rundfunkräte (bestehend aus den 9 Landesrundfunkanstalten)											
Datum:	2	10.11.2021									
erstellt:		Rodolfo									
			BR	HR	MDR	NDR	Bremen	RBB NDR	SR	SWR	WDR	gesamt
politische Gruppierungen:											
Städte, Gemeinden Bayern			3		2		1	1	2	5	2	16
Land			12	6	10	11	5	7	7	13	12	83
Landregierung			1	0	2		1		1			5
Bund			0	0	0	0		0	0	0	0	0
Verbände/Gruppen:											
Unternehmen/Handwerk/Bauern			7	5	9	8	2	4	6	11	8	60
Gewerkschaften/Arbeitsvertretung			2	4	3	8	2	3	2	5	3	32
Kirchen			5	4	5	7	5	3	4	8	3	44
Sozial-/Wohlfahrtsverband				1	1	4		2	1		5	14
sonstige							1					1
Wissenschaft/Universität/Bildung			3	2			4	2	4	4	2	21
Kunst/Kultur			5	3	2	3	1	1	1	4	6	26
Migration, Ausländer			1	1		1	1	1		3	2	10
Erwachsene/Familie/Frauen/Eltern			2	2	2	6	3	2	6	7	5	35
Jugend			1	1	2	2	1	1	1	4	2	15
Heimat			1			1	1				1	4
Vertriebene			1	1						1		3
Sport			2	1	1	2	1	1	1	3	1	13
Medien/Zeitung			2		1		1		1	2	2	9
Behinderung			1				1		1	1	1	5
Natur, Naturschutz			1		1	4	1	1	1	2	4	15
Europa			0	1							1	2
Opfer Stalinismus					1	1						2
Sorben									1			1
(äußere) Sicherheit/Verteidigung												0
(innere) Sicherheit/Polizei												0
gesamt			50	32	42	58	32	30	39	73	60	416
					43					74		418

(Tabelle: Daten ARD, Rodolfo Di Telo 2021, Reduzierung auf vier Standorte)

Medien in den Vereinigten Staaten von Europa

Nach meinem Dafürhalten könnten alle öffentlich rechtlichen Medien (ÖRM) in den zukünftigen Vereinigten Staaten von Europa abgebildet sein. Gehen wir zurück ins Kapitel 5, dann könnten gemäß VSE-Struktur

- drei supranationale Sender
- je Region/Nation ein Sender nach Wunsch

das gesamte VSE-Gebiet abdecken.

„VSE-Kerneuropa (Deutschland und Frankreich)",
die Fortführung der „Mitte": ca. 7 Regionen á 20-25 Mio. Einwohnern
(mit dann wirklich föderalen Strukturen in den „VSE" innerhalb der EU der 27)

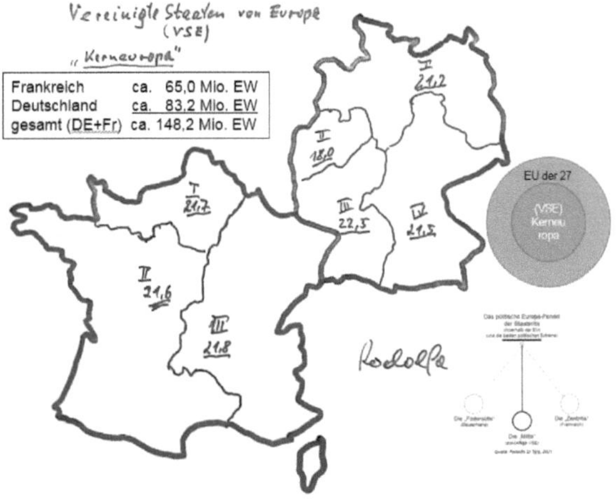

(Skizze: Rodolfo Di Telo 2021, das VSE-Kerneuropa DE & FR)

Drei supranationale Sendeeinrichtungen

Die supranationalen Sendeeinrichtungen sollten eine zentrale Sendestelle je Sender gründen und von dort aus grundsätzlich dieselbe Dokumentation in den Sprachen Französisch und Deutsch übertragen. Damit wäre gewährleistet, dass alle VSE-Bürger zeitgleich identische Sendeinhalte erhalten, deutsche

Berichte mit französischen Untertiteln, französische Berichte mit deutschen Untertiteln.

Die drei Sendezentralen könnten an folgenden Standorten gegründet werden:

- ein Sender in Paris
- ein Sender in Berlin
- ein Sender am künftigen Regierungssitz mit einem Außenstandort in der künftigen Hauptstadt

Diese Senderstruktur sollte auch bei möglichen VSE-Erweiterungen aufrechterhalten bleiben; die neuen VSE-Bundesländer sollten diese drei supranationalen Sender einfach in ihre Medienstrukturen übernehmen.

Die Kosten hierfür hätten alle VSE-Bürger gemeinsam zu tragen, hätten doch alle gleichberechtigt Zugang zu diesen Sendedokumentationen.

Regionale Sendeeinrichtungen

Empfehlenswert wäre je eine Sendeanstalt pro Region/Nation, die weitgehend unabhängig und frei berichten darf; die Regionalsender könnten darüber hinaus untereinander Kooperationen mit anderen Regionalsendern eingehen und gemeinsame Programme entwerfen und senden.

Im ersten VSE-Kerneuropa wären demnach ca. sieben unabhängige Regionalsender tätig; je nach Erweiterung kämen natürlich weitere Regionalsender hinzu.

Die Kosten für die regionalen Sender tragen die jeweiligen Regionen selbst. Kostenkooperationen mit anderen Regionalsendern können vereinbart werden.

VSE-Medienrecht und Mediengericht

Ich habe bereits mehrmals auf ein separates Mediengericht hingewiesen, das den mittlerweile sehr spezifischen medialen Anforderungen gerecht werden müsste. Sende- und Printmedien, IT und Internet, erfordern neue Gesetze im Bereich „Medienrecht", die die üblichen Gerichte in der Rechtssprechung sicherlich überfordern. Ich denke, dass diesbezüglich sowohl Reformen im Medienrecht selbst als auch anders aufgestellte Mediengerichte den raschen Veränderungen besser Rechnung tragen könnten.

9.0 LITERATURVERZEICHNIS

Menschen, Bücher und Einzeldokumente haben mir bei meinen Überlegungen zu diesem Buch geholfen. Es ist ja praktisch nichts neu, sondern oft nur ein *vergrabener Schatz,* mittels moderner Medien gehoben oder als Information einfach hochgepoppt und dann wieder in der Versenkung verschwunden.

Die genannten Zitate haben mir bei der Richtungsfindung in meinem Buch geholfen, quasi meine Überlegungen untermauert.

Viele erste Informationen, Kenntnisse und Anregungen verdanke ich verschiedenen Lehrern im Gymnasium, die mich als Schüler mittels Diavorträgen und Erzählungen schon in frühester Jugend inspirierten, „die Welt" zu erkunden. Ich fand die Fächer „Geschichte" und „Geographie" immer sehr interessant und bereichernd; der Schulatlas war mein ständiger Begleiter und Wissensschatz während der Schulzeit genauso wie Geschichtsbücher, die mich anregten, *in die Historie einzutauchen*.

In weiterer Folge durfte ich während und nach meinem Studium viele Auslandsreisen, beruflich wie privat, durchführen und so im Laufe der Zeit viele Länder kennenlernen. Diverse Reiseführer und Sachbücher ergänzten meine bis dahin schon vorhandenen Kenntnisse. Persönliche Kontakte während meiner Auslandsprojekte verbreiterten darüber hinaus meinen Meinungshorizont.

Neben Tages- und Wochenzeitungen stehen natürlich gleichrangig TV und Internet, die heutzutage praktisch *alles auffinden* lassen, wenn man nur lange genug recherchiert. Gute Dokumentationen auf Phoenix sowie in ARD, ZDF, NTV etc. (siehe „History" oder andere Geschichtssendungen öffnen jedem Interessierten die Welt der Vergangenheit, das „World-Wide-Web" tut sein Übriges; „Wikipedia" steht nur beispielhaft für die schiere Vielzahl an gehaltvollen Online-Plattformen.